_____ 님의 소중한 미래를 위해
이 책을 드립니다.

힘들다면 기대를
내려놓길 권합니다

힘들다면 기대를 내려놓길 권합니다

선안남 지음

위기의 시대,
건강한 나로 생존하는 법

메이트북스

메이트북스 우리는 책이 독자를 위한 것임을 잊지 않는다.
우리는 독자의 꿈을 사랑하고,
그 꿈이 실현될 수 있는 도구를 세상에 내놓는다.

힘들다면 기대를 내려놓길 권합니다

초판 1쇄 발행 2020년 5월 15일 | **지은이** 선안남
펴낸곳 ㈜원앤원콘텐츠그룹 | **펴낸이** 강현규 · 정영훈
책임편집 최예원 | **편집** 안정연 · 유지윤 | **디자인** 최정아
마케팅 이기은 | **홍보** 이선미 · 정채훈 · 정선호
등록번호 제301-2006-001호 | **등록일자** 2013년 5월 24일
주소 04607 서울시 중구 다산로 139 랜더스빌딩 5층 | **전화** (02)2234-7117
팩스 (02)2234-1086 | **홈페이지** www.matebooks.co.kr | **이메일** khg0109@hanmail.net
값 15,000원 | **ISBN** 979-11-6002-282-7 03180

이 도서의 국립중앙도서관 출판시도서목록(CIP)은 e-CIP홈페이지(http://www.nl.go.kr/ecip)에서
이용하실 수 있습니다.(CIP제어번호 : CIP2020017512)

그림자를 붙잡느라
실체를 잃지 않도록 조심하라.

· 이솝 ·

때론 기대가 우리를
힘들고 버겁게 한다!

1세기 전쯤 사람의 말을 알아듣고 문제를 척척 풀어내는 말이 등장했다. '영리한 한스'라 불렸던 이 말은 오스트리아의 학자인 빌헬름 폰 오스텐(Wilhelm von Osten)의 훈련을 받은 말이었다.

이름 그대로 한스는 매우 영리했다. 방정식 문제를 풀 줄 알았고 시계도 볼 줄 알았다. 한 번 본 적 있는 사람들을 알아보기도 했고 논리학 문제를 풀 수도 있었다. 문제를 내면 굽 끝으로 물건을 가리키거나 바닥을 두드려 수를 표시하기도 했다.

처음에는 이 말의 영리함에 의구심을 품었던 사람들도 한스가 폰 오스텐이 자리에 없을 때조차 문제를 척척 맞히자 "천재말이 탄생했다"며 환호했다. 하지만 "한스는 천재적인 지능을 가진 말"이라는 의견은 심리학자 오스카 풍스트(Oskar Pfungst)의 정교하고 예리한 통찰로 인해 뒤집어졌다. 그는 연구를 통해 한스가 출제자들에게서 미묘하고 의도하지 않은 단서를 받고 있고 사람들의 기대를 살펴 답을 맞췄다는 사실을 밝혀냈다.

말하자면 영리한 한스는 문제를 해결하는 지능이 뛰어났던 것이 아니라 사람들의 반응을 읽는 데 뛰어난 능력이 있었던 것이다. 어떤 면에서 한스는 정말 천재적이라고 할 수 있다. 보통의 말들은 사람들이 무엇을 기대하는지 예민하게 알아차리거나 기대대로 해주지 못하기 때문이다.

사람들이 자신에게 무엇을 기대하는지 눈치가 빨랐던 영리한 한스처럼 우리들 역시 타인의 반응을 보며 사람들의 기대를 예민하게 의식하고 그에 맞춰주기 위해 노력해왔다. 기대에 부응하는 것은 타인의 마음을 흡족하게 해줄 뿐만 아니라, 우리가 스스로에 대한 자부심을 느끼고 더 나은 사람이 되도록 큰 도움을 준다. 우리가 지금 이 자리에 있는 것은 모두 타인의 기대에 부응하고자 노력해왔기 때문이다.

우리는 되도록이면 다른 사람의 기대에 부응하고 싶어한다. 그런데 기대는 항상 우리를 일으켜 세워주지는 않는다. 때때로 기대는 우리를 버겁고 힘들게 한다. 엇갈리는 기대와 버거운 기대 때문에 지치기도 하고, 버거운 마음과 기대를 들어주어야만 할 것 같은 마음 사이에서 한없이 갈등하고 방황하기도 한다. 마음의 문제에는 언제나 잘못되고 비현실적인 기대가 숨어 있다.

심리학을 공부하고 상담을 통해 타인의 삶을 깊이 들여다보는 경험을 하면서 나는 '기대'라는 주제가 우리의 정신건강과 행복을 위해 참 중요하다는 것을 거듭 느끼게 되었다. 또한 관계에서 갈등하고 힘들 때에는 우리가 기대하는 방식과 기대를 받아들이는 방식을 돌아보는 것이 매우 유용하다는 사실도 알게 되었다.

'내가 지금 왜 이렇게 힘들까'를 돌아보면 너무 높거나 합리적이지 않은 기대의 문제가 나타난다. 잘못된 기대를 했다가 실망하고 좌절하거나, 자신을 향한 기대가 너무 크거나 현실적이지 않기에 버겁고 답답해지는 경우가 많은 것이다. 그래서 나는 '어떤 기대가 우리를 잘못된 판단으로 이끌고 힘들게 하는가?', '타인의 기대를 어떤 방식으로 받아들이고, 타인에 대해 어떤 기대를 해야 하는가?'를 함께 살펴보고자 이 책을 쓰게 되었다.

이 책은 12개의 장으로 구성되어 있다. 기대를 돌아보는 데 유용하다고 생각하는 심리적 개념 중심으로 장을 나누었는데, 각 장이 유기적으로 연결된 것은 아니기에 순서대로 읽지 않고 궁금한 장부터 펼쳐도 괜찮다. 각 장의 중심 개념과 내용은 다음과 같다.

1장에서는 크게 기대한 만큼 좌절되었을 때 크게 실망한다는 '기대치 위반 효과'를 중심으로, 기대하는 대로 이루어지리라는 '피그말리온 효과'가 전하는 긍정적 기대에 대한 통념을 뒤집어보고자 한다. 이를 통해 아무리 좋은 의도를 품고 있을지라도 기대가 현실적이거나 합리적이지 않을 때 우리를 힘들게 할 수 있음을 살펴보게 될 것이다.

2장과 3장은 각각 '아틀라스 증후군'과 '피터팬 증후군'을 다루고 있다. 이 두 증후군은 겉으로는 상반된 모습으로 나타나지만 버거운 기대에 대한 극단적이고 부적응적인 대응이라는 점에서 공통점을 보인다. 아틀라스 증후군은 모든 기대에 부응하고자 하는 이 시대의 완벽주의자들이 경험하는 고난을 보여주고 있고, 피터팬 증후군은 어떤 기대이든 회피하고 싶어하는 이 시대의 어른아이가 가진 문제를 대변한다.

4장부터 8장까지는 잘못되거나 높은 기대를 받는 사람이 경험할 수 있는 다양한 심리적 어려움을 중점적으로 다루고 있는데, 타인의 기대가 클 경우 나타나는 어려움에는 다음과 같은 것들이 있다. 애초에 하고 싶었던 일에 대한 의욕조차 사라지고(4장 '보상의 숨겨진 대가'), 혼자서는 잘 하던 일도 못하게 되고(5장 '사회적 억제 효과'), 다른 사람의 기대에 휘둘리게 되고(6장 '동조성 이론'), 다른 사람의 평가에 연연하게 되며(7장 '자기 대상화 이론'), 기대에 부응하지 못하면 스스로를 가치가 없다고 느끼게 된다(8장 '동일시 효과'). 그렇기에 우리는 기대를 잘 살펴볼 필요가 있다.

9장부터 11장까지 기대를 하는 입장에서 어떤 기대의 오류에 빠질 수 있는가를 돌아보고, 더 합리적이고 건강한 방식으로 기대를 할 수 있는 관점을 제시하고자 한다. 우리는 자주 겉모습만 보고 잘못된 기대를 하기도 하고(9장 '후광 효과'), 타인의 입장을 헤아리지 못하고 자아중심성에 빠지기도 쉬우며(10장 '귀인 이론'),

정보에 대한 편향된 태도를 보이거나 다른 사람에 대한 편견을 나타내기 쉽기(11장 '편향과 편견') 때문이다.

마지막 12장에서는 우리가 가진 성공을 둘러싼 기대를 돌아보고 우리의 건강과 행복을 위해 어떤 관점으로 살아가야 하는가를 살펴보며 이 책을 마무리하고자 한다.

이 책을 통해 궁극적으로 전하고 싶은 메시지는 두 가지다. 하나는 '모든 기대를 다 들어줄 필요는 없다'는 것이고, 다른 하나는 '힘들 때마다 기대를 잘 살펴본다면 해결의 실마리를 얻을 수 있다'는 것이다. 이 두 가지 메시지가 나와 함께 자신을 돌아보는 작업을 했던 사람들에게 도움이 되었던 것처럼, 이 책을 읽는 독자분에게도 도움이 되기를 바란다.

조금 더 내려놓기를 기대하며
선안남

* 이 책의 사례들은 내용을 설명하기 위해 각색되었으며 모든 이름은 가명입니다.

나는 기대로부터 얼마나 자유로운가?

본격적으로 이 책을 읽기 전에 나를 힘들게 하는 기대로부터 얼마나 자유로운가를 알아보기 위해 다음 질문들에 답을 해보자. 0점부터 3점까지의 척도(0은 '전혀 그렇지 않다', 1은 '조금 그렇다', 2는 '그런 편이다', 3은 '매우 그렇다')로 아래의 문항들에 답을 해보고, 그 결과를 합산해 총점을 매겨보자.

문항	0	1	2	3
❶ 기대에 부응하는 것이 나에게 중요하다.				
❷ 거절을 해야 할 때에도 거절하기가 어렵다.				
❸ 나에게 기대하는 타인의 시선이 부담스럽다.				
❹ 언제 어디서든 내 몫의 역할을 해내야 할 것 같다.				
❺ 열심히 하는 만큼의 보상을 받지는 못하는 것 같다.				
❻ 하고 싶은 것을 하기보다는 해야 할 것 같은 것을 하는 편이다.				
❼ 자유로운 결정을 내리지 못하고 기대와 의무에 얽매이는 편이다.				
❽ 스트레스를 받으면 몸(편두통, 소화불량, 에너지 저하 등)이 안 좋아진다.				
❾ 여자로서, 남자로서 해야 하는 의무가 짐처럼 느껴진다.				
❿ 충분히 생산적인 삶을 살지 못하는 것만 같다.				
⓫ 아무 것도 안 하고 있을 때엔 뭐라도 해야 할 것 같아 불안하다.				
⓬ 나와 타인, 세상에 대한 기대가 자주 좌절된다.				
총점				

결과 해석
- 10점 이하: 기대에 대해 매우 균형적인 관점이 있는 편이다.
- 11~20점: 기대에 대해 어느 정도의 압박감을 느끼는 편이다.
- 21~30점: 기대에 대해 많은 스트레스와 압박감을 느끼는 편이다.
- 31점 이상: 기대에 대한 과도한 압박감과 책임감으로 스트레스를 받고 있다.

prologue 때론 기대가 우리를 힘들고 버겁게 한다! 006

check list 나는 기대로부터 얼마나 자유로운가? 011

chapter *1*

기대하는 대로 이루어지리라 맹신한다
: 피그말리온 효과

지현 씨를 변화시킨 바로 그 사건 021

기대하는 대로 이루어지리라, 피그말리온 효과 022

피그말리온 효과의 맹점 1 ─ 현실성 없는 기대 025

피그말리온 효과의 맹점 2 ─ 부정적인 선입견 027

기대를 하는 사람과 받는 사람의 상호작용 030

높은 기대가 좌절되었을 때, 기대치 위반 효과 033

크게 기대했다가 크게 좌절하지 않기 위해 042

잠시 떨어져서 나를 만나기 047

chapter *2*

모든 기대를 다 들어주려고 한다
: 아틀라스 증후군

대한민국에서 남자로 산다는 것은 053

슈퍼 아빠와 슈퍼 엄마, 아틀라스 증후군 054

아틀라스들은 이런 모습을 보인다 056

아틀라스의 심리건강 057

스트레스에 대한 해결 통로가 막혀 있을 때 059

아틀라스 증후군과 완벽주의, 경쟁적 성격의 결합 061

우리 시대의 아틀라스에게 건네는 조언 066

기대의 십자가, 그렇게 무겁지 않아도 된다 073

chapter *3*

모든 기대를 어떻게든 피하고 싶다
: 피터팬 증후군

성인으로서의 책임을 피하는 모라토리엄 인간 077

이 시대의 어른아이, 피터팬 증후군 079

피터팬들의 심리적 결핍 081

피터팬 증후군이 나타나는 이유 085

피터팬 증후군에서 벗어나기 위해 090

결코 아름답지 않은 현실 속의 피터팬들 093

chapter *4*

기대 때문에 억지로 뭔가를 한다
: 보상의 숨겨진 대가

그는 왜 집중할 수 없을까? 099

저마다 다른 내적 동기 100

타인이 이미 설계한 삶에서 벗어나기, 자기결정성 102

다른 사람이 하라고 하는 것만 하는 희철 씨 104

다양한 동기의 종류 106

갈수록 공부에 흥미를 잃는다, 보상의 역효과 109

우리 안의 내적 동기에 기름칠을 하는 방법 113

기대의 껍질에서 벗어나 내적 동기를 꽃피우다 120

chapter **5**

기대하면 부담을 느껴 실수한다
: 사회적 억제

발표가 두려운 사람 vs. 발표의 달인 127
타인의 존재에 따라 달라지는 수행 능력 129
김연아 선수의 200점 연기, 하지만 아무도 놀라지 않아 130
왜 잘하는가? 왜 못하는가? 131
사회적 억제가 아닌 촉진의 효과를 누리기 위해 139
스페인 축구 대표팀이 승승장구한 이유 145

chapter **6**

기대에 맞추려고 주변의 눈치를 본다
: 동조성

탕수육을 외치기 힘들게 하는 우리 안의 동조성 151
줄어든 포도주와 동조성 실험 152
우리는 왜 눈치를 보는가? 156
동조성, 이럴 때 문제가 된다 163
동조성, 어떻게 바라봐야 할까? 168

chapter **7**

타인의 기대로 나를 보며 위축된다
: 자기 대상화 이론

외모에 민감한 사람의 피곤한 하루 175
우리가 외모에 민감해지는 이유 178
수치심이 마음의 병을 불러온다 181
저 사람은 날 어떻게 평가할까, 공적 자기의식 183
모두가 날 바라보는 것 같아, 상상 속의 청중 187
다른 사람 앞에서 위축되지 않으려면 189
시선의 노예가 아닌 시선의 주인으로 살자 192

chapter **8**

집단의 기대를 지나치게 동일시한다
: 동일시 효과

집단의 기대에 짓눌린 사람들 197
우리가 성장해가는 방법, 동일시 198
나를 둘러싼 겹겹의 세계를 안다, 생태학적 체계 199
집단의 기대가 우리를 힘들게 할 때 206
동일시, 어떤 방식으로 하면 좋을까? 212
나를 중심으로 돌아가는 사회 216

chapter *9*

겉모습에 이끌려 잘못된 기대를 한다
: 후광 효과

구걸하는 할머니의 놀라운 이중생활 221

우리는 겉모습에 쉽게 현혹된다 223

후광 효과가 이끄는 잘못된 기대 225

외모의 후광 효과, 왜 나타나는가? 228

방치된 겉모습이 일으키는 부정적인 기대 231

잘못된 선택을 부르는 후광 효과의 역습 234

후광 효과, 어떻게 볼 것인가? 237

화려함으로 부실함을 덮지 말고 진심을 전하자 240

chapter *10*

결과의 원인에 대해 잘못된 기대를 한다
: 귀인 이론

잘되면 내 탓, 못되면 조상 탓 245

상황에 대한 원인 찾기 게임, 귀인 이론 247

귀인 방식에 따라 감정의 색이 달라진다 249

우리가 잘 빠지는 귀인의 함정 251

잘못된 귀인 경향성의 폐해, 자아중심성 257

자아중심성에서 벗어나지 못하는 세 가지 이유 258

자아중심성에서 벗어나 역지사지하자 263

chapter *11*

기대한 것만 집중해서 본다
: 확증 편향과 편견

혈액형, 그럴 줄 알았어요 269

확증 편향의 렌즈로 세상을 보다 270

확증 편향에 이끌리는 세 가지 이유 272

확증 편향과 편견이 불러온 무서운 결과 274

편견과 편견을 자주 드러내는 사람들의 특징 276

편견의 바다 속에서 정보의 옥석을 캐내기 위해 278

나는 테러리스트가 아닙니다! 283

chapter *12*

참아야 성공할 수 있다는 기대가 확고하다
: 만족지연 능력

달콤한 사탕의 기억, 그리고 인내심 289

참으면 복이 온다는 자극 연합의 심리학 291

만족지연 능력과 마시멜로 이야기 293

정말 잘 참아야 성공하고 행복해질까? 296

마시멜로 이야기를 어떻게 받아들여야 할까? 305

성공의 결과도 중요하지만 과정도 중요하다 308

Epilogue 나라는 사람으로 우뚝 서기 위해 310

참고문헌 및 더 읽어보면 좋을 글들 316

교사가 어떤 아동이 더 큰 지적 발달을 보여줄 것을
기대한다면 이들 아동은 더 큰 지적 발달을 보인다.
_로젠탈과 제이콥슨

chapter *1*

기대하는 대로
이루어지리라 맹신한다
: 피그말리온 효과

지현 씨를 변화시킨
바로 그 사건

지현 씨를 변화시킨 바로 그 사건은 중학교 1학년 때 일어났다. 중학교에 올라간 지 얼마 안 된 그녀는 시험을 보기 전날 우연히 과외 선생님을 만났다. 과외 선생님은 다른 학교에서 먼저 치른 시험지를 가지고 있었고, 그녀는 영문도 모른 채 그 시험지를 열심히 풀었다.

다음날 학교 시험지를 받아본 그녀는 깜짝 놀랐다. 어젯밤 과외 선생님과 함께 풀었던 바로 그 시험지였기 때문이다. 덕분에 그녀는 시험에서 처음으로 1등을 하게 되었다. 그전까지는 공부에 욕심도 없었고 공부를 잘해본 적도 없었지만, 그 일로 인해 그녀는 학교에서 '공부 잘하는 학생'으로 기대를 받게 되었다. 뿐만 아니라 공부를 잘하는 것, 그래서 누군가의 인정을 받는다는 것이 그렇지 않을 때와 어떻게 다른지 확실히 알게 되었다고 한다.

"그전까지는 선생님들 눈에 띄지 않았고, 저도 되도록 눈에 띄지 않으려고 늘 고개를 수그리고 다녔었어요. 그런데 어느 날 친구가 숙제가 어렵다고 하니까, 선생님이 갑자기 그 친구에게 '지현이한테 물어봐서 하라'고 그러시는 거예요. 그 기억이 아직도 생생해요. 친구들과 선생님이 대단한 듯 저를 바라보는데 굉장히 뿌듯하고 부끄럽기도 했던 기억이 있어요."

그때부터 그녀는 공부를 더 열심히 했다. 자신의 진짜 실력은 아니었지만 공부로 인정을 받고 나니 인정받는 것에 대한 욕심이 커졌던 것이다. 게다가 정당하지 못한 방법으로 공부를 잘한다는 인정을 받게 된 만큼 앞으로 잘하지 않으면 더 괴로워질 것 같아 불안했다. 공부를 잘하거나 좋아서라기보다는 공부를 잘하는 것에 대한 기대, 인정에 대한 욕심, 본래 실력을 들킬지도 모른다는 불안 때문에 자신을 채찍질하게 된 것이다.

기대하는 대로 이루어지리라, 피그말리온 효과

지현 씨가 경험한 일은 교사를 비롯한 어른들의 기대가 아이들에게 미치는 영향을 보여준다. 심리학자 로버트 로젠탈(Robert Rosenthal)과 레노어 제이콥슨(Lenore Jacobson)은 바로 이 점을 알아보기 위해 교실에서 일어나는 교사와 아동의 상호작용에 대한 실험을 했다. 그들의 실험은 『피그말리온 효과 : 기대와 칭찬의 힘(Pygmalion in the Classroom)』이라는 저서에 명시되면서 교육심리 학자들은 물론 아동교육과 발달에 관심이 있는 수많은 사람들에게서 폭발적인 반응을 불러왔다.

그들은 학생들에 대한 교사의 기대와 그 기대에 반응하는 학생들의 변화를 포착하기 위해 다음과 같은 실험을 했다. 학기가 시작될 무렵 그들은 초등학교 전 학년의 학생을 대상으로 심리검사를 실시했다. 그들은 검사 후 교사들에게 검사 결과와 발전 가능성이 큰 학생의 명단을 공개했다. 그 후 교사들에게 다음과 같이 알려줬다.

"7, 11, 18, 20, 25, 31, 32번 학생들은 잠재력이 높게 나왔네요. 이 학생들은 앞으로 공부를 잘하게 될 가능성이 높습니다."

사실 이 정보는 학생들의 잠재력에 대한 심리검사 결과를 바탕으로 한 정보가 아니었다. 그들은 학생들의 잠재력에 대한 어떤 정보를 듣고 난 교사가 해당 학생들에게 어떤 기대를 하고, 그 기대가 학생들에게 어떤 변화를 만들어내는가를 알아보기 위해 근거 없는 거짓 정보를 주고 학기말까지 기다린 것이다.

시간이 지나 학기말이 되자 그들에게 어떤 결과가 기다리고 있었을까? 학기말이 되고 학생들의 학업 성취 수준을 확인했을 때, 로젠탈과 제이콥슨은 놀랄 만한 결과를 얻게 된다. 객관적 자료에 근거하지 않고 그저 임의로 뽑은 학생들이 실제로 다른 학생들보다 더 높은 학업 발전 수준을 보여주었기 때문이다. 사실 그들이 애초에 호명한 7, 11, 18, 20, 25, 31, 32번 학생들은 과학적이고 합리적인 증거에 바탕을 둔 검사 결과로 선별된 것이 아니라 그저 제비뽑기 같은 방법으로 무작위로 선별된 것이었는데도 말이다.

왜 이런 실험 결과가 나타났을까? 이 실험을 계획하고 주도했던 로젠탈은 이런 결과가 교사의 기대와 깊은 관련이 있음을 이야기한다.

'잠재력이 있다'라는 평가 결과를 들은 그 순간부터 교사들은 그 정보와 관련된 누군가를 눈여겨보기 시작했을 것이다. '높은 잠재력'이라는 기대로 학생들을 대하면 학생들은 암묵적으로든 직접적으로든 자신을 실제가 아닌 잠재력으로 바라보는 교사의 기대를 인식하게 된다. 그러면 학생들은 그 기대에 부응하기 위해 더 많은 노력을 할 것이고, 결국에는 교사가 기대한 '잘하는 누군가'가 된다.

무작위로 선별한 7, 11, 18, 20, 25, 31, 32번 학생들이 다른 학생들보다 더 큰 성적 향상을 보여주게 된 이유는 바로 여기에 있다. 지현 씨가 선생님의 기대를 인식하며 공부를 열심히 하기 시작했던 것처럼 말이다.

피그말리온 효과의 맹점 1 -
현실성 없는 기대

바라는 대로 이루어지리라는 것을 보여준 이 실험의 결과는 '피그말리온 효과(Pygmalion Effect)'라는 이름을 얻게 되었다. 피그말리온은 그리스 로마 신화 속 인물로, 모두가 불가능하다고 생각했던 일을 기대를 통해 현실에서 이루었다. 이 이야기는 기대로 인한 극적인 변화를 나타내고 있기에 로젠탈은 자신의 실험 결과를 피그말리온 효과라 이름 붙였다.

이야기 속 피그말리온은 여자를 멀리하는 사람이었다. 대신 그는 자신이 조각한 예술 작품과 사랑에 빠졌는데, 그 작품을 너무 사랑한 나머지 자신의 작품이 현실 속에서 살아 숨 쉬는 진짜 여자로 탈바꿈해 아내가 될 수 있기를 기대했다. 너무나 비현실적인 기대였지만 그의 노력과 염원을 가상하게 여긴 아프로디테가 조각상을 진짜 여자로 만들어주었다. 그렇게 결국 그는 바라던 대로 그의 완벽한 작품인 갈라테이아와 결혼을 하기에 이른다. 현실성이 전혀 없던 자신의 꿈을 끈질긴 기대를 통해 마침내 이루게 된 셈이다.

피그말리온 효과는 신화와 실험뿐만 아니라 문학과 영화에도 영감을 불어넣었다. 리차드 기어와 줄리아 로버츠가 출연한 영화 〈귀여운 여인〉도 신화 속 피그말리온 이야기에서 모티프를 따왔다. 무지하고 촌스런 창녀를 세련되고 기품 있는 애인으로 탈바꿈시키는 이야기는 '기대하면 이루어진다'는 피그말리온 효과에 기반을 두고 있다.

로젠탈의 실험과 피그말리온 효과가 담고 있는 메시지는 희망적이고 교훈적이다. 이 메시지는 불안과 절망의 시대에 개인의 잠재력에 대한 더 큰 기대를 함으로써 더 좋은 결과를 가져올 수 있다는 희망과 확신을 주는 것 같기도 하다. '기대하면 그대로 이루어지리라'는 메시지는 지금의 고통에 의미를 부여하고, 절망에 빠진 사람들에게 무언가를 다시 시작할 의지와 에너지를 심어주기도 한다.

하지만 이 효과에도 맹점은 있다. 바로 지현 씨처럼 우리 마음 속에서 주변의 관심과 기대가 그들의 성취에 압박을 주고, 기대가 '이루어지길 기대한다'를 넘어 '이루어지지 않으면 안 된다'로 발전할 수도 있기 때문이다.

특히 다른 사람들이 우리에게 품는 기대가 처음부터 현실과 너무 동떨어져 있다면 결국 우리는 그 기대에 부응하는 과정에서 큰 마음의 부침을 경험할 수밖에 없다. '바라는 대로 이루어지리라'는 기대가 좌절될 때, 애초부터 이루어지기 힘든 결과에 많은 기대를 하고 있을 때, 기대가 단순히 그렇게 되기를 바라는 마음을 넘어 그렇게 되어야 한다는 당위를 담고 있을 때, 우리 삶은 힘들어지고 우리는 기대에 대한 부담감 때문에 뭔가를 잘해내기 어려워진다. 지현 씨가 자신에 대한 선생님의 기대에 부응하기 위해 지금까지 노력해왔지만, 그것이 진정 자신이 원하던 것이었는지 회의감을 가지게 된 것처럼 말이다.

피그말리온 효과의 맹점 2 –
부정적인 선입견

피그말리온 효과는 자기 충족적 예언(Self Fulfilling Prophecy)이라고 불리기도 한다. 자기 충족적 예언이란 자신이 그럴 것이라고 기대하는 대로 결과를 얻게 되고, 또 그 결과에 주목하게 된다는 뜻이다.

알란 차이켄(Alan Chaiken), 에드워드 지글러(Edward Sigler), 발레리안 더르가(Valerian Derlega)는 로젠탈과 제이콥슨의 실험을 확장해, 교사와 학생 간의 생생한 상호작용을 녹화해 자료로 모으고 이를 분석했다. 이를 통해 이들은 자기 충족적 예언이 어떤 방식으로 이루어지는지 더 세밀하게 살폈다.

그들은 로젠탈과 제이콥슨처럼 학생들을 무작위로 뽑고 교사들에게 '선발된 학생들이 영리한 학생'이라는 정보를 준 뒤, 교사와 학생의 상호작용을 살폈다. 그 결과 그들은 교사들이 영리하다는 정보를 얻은 학생들의 응답에 더 호의적인 모습을 보여준다는 사실을 알게 되었다. 즉 그런 학생들에게 더 자주 미소를 지으며, 더 오래 시선을 주었다.

이런 상호작용은 사실 매우 '미묘하게' 나타나지만 교사의 긍정적 기대의 영향력은 '분명하게' 드러난다. 교사의 기대와 긍정적 피드백을 받은 학생들은 그렇지 않은 학생들에 비해 학교를 더 좋아하고, 실수하는 것을 두려워하지 않으며, 성적 향상을 위해 더 노력하는 모습을 보인다. 긍정적인 정보를 미리 듣는 것은 긍정적인 선입견을 강화시키는 것이다.

우리는 이 결과를 보며 다른 질문을 생각해 볼 수도 있다. '만약 교사들이 학생들에 대한 부정적인 정보를 미리 받게 된다면 이들의 상호작용은 어떻게 달라질까?'

로젠탈과 제이콥슨은 이런 자기 충족적 예언이 불러오는 긍정적 기대와 긍정적 효과에 주목했지만, 이 이론은 긍정적이지 않은 기대에 대해서도 충분히 적용될 수 있다. 바로 부정적인 기대를 불러오는 부정적인 자기 충족적 예언과 그 효과에 대해 말이다. 다음과 같은 경우를 생각해볼 수 있다.

새 학기가 시작되어 새로운 반에 들어가는 재민이는 마음이 설레었지만 다른 한편으로는 불안했다. 초등학교 6학년이 되어 이제 다시 5학년 때의 친구들을 매일 보지 않아도 된다는 것에 안도했고, 무엇보다 담임선생님이 바뀐다는 사실이 제일 좋았다.

5학년 때 담임선생님은 어쩐 일인지 재민이를 별로 좋아하지 않았다. 선생님은 재민이가 무슨 일을 하든 부정적으로 생각하는 것 같았고, 대놓고 아이들 앞에서 면박을 주기도 했다. 교실에서 대부분의 시간을 보내고 선생님에게 인정받는 것이 중요한 초등학교 5학년 아이에게 선생님의 미움을 받는다는 것은 큰 고난을 의미했다.

5학년을 보내는 내내 반에만 들어가면 주눅이 들었던 재민이는 이제 6학년을 잘 시작하고 싶었다. 그래서 앞으로는 새롭고 활기차게 보내겠다고 방학 내내 결심하고 다짐하며 6학년이 되기를 기다렸다. 새 학년이 되고, 새 친구를 사귀고, 새로운 담임선생님을 만나는 것은 지금까지 자신을 따라다니던 부정적인 기대를 떨쳐버리고 모든 것을 새롭게 시작할 절호의 기회인 셈이다.

그런데 이런 그의 설렘은 얼마 못 가서 사라질지도 모른다. 새로운 담임선생님은 재민이의 5학년 담임선생님에게 그에 대한 이야기를 듣고 이미 부정적인 기대를 형성했기 때문이다.

이처럼 기대하는 대로 이루어지리라는 피그말리온 효과는 긍정적인 기대에만 적용되는 것이 아니다. 부정적인 기대에 대해서도 비슷한 영향을 주는 맹점이 있다. 교사들은 학생을 직접 만나보기 전에 이미 이전에 가르쳤던 교사들의 의견과 평판, 집안 배경과 성적을 세심하게 살피고 기대를 형성하기 쉽다.

학교가 아닌 다른 일상의 장면 속에서도 기대의 효과는 긍정적으로도, 부정적으로도 뻗어간다. 그럴 때 이런 기대는 재민이처럼 새로운 방식으로 자신을 시작하고 싶어하는 아이들이나, 기존의 이미지를 벗고 새로운 시도를 해보고 싶은 우리들의 발목을 잡는다.

결국 피그말리온 효과의 또 다른 맹점은 부정적인 선입견을 형성할 가능성이라고 할 수 있다. 그 누구도 이 효과의 영향에서 완전히 자유로울 수 없다. 그래서 로젠탈과 제이콥슨의 실험에 대해 심리학자 로저 호크(Roger Hock)는 이렇게 말했다.

"당신의 기대가 자기 충족적 예언이 된다는 점은 일부 학생들에게는 부당할 것이다."

기대를 하는 사람과
받는 사람의 상호작용

지금까지 우리는 피그말리온 효과가 불러오는 긍정적 기대와 그 기대를 받을 때 나타나는 맹점을 살펴보았다. 그런데 기대는 상호적인 관계에서 나타난다. 기대를 받는 입장뿐만 아니라 기대를 하는 입장이 어떤지에 대해서도 생각해볼 필요가 있다. 기대를 하는 교사의 입장에서 살펴보는 것이다. 교사의 입장에서 우리는 세 가지 의문을 품을 수 있다.

- 높은 잠재성이 있다고 기대했던 학생이 기대치에 미치지 못할 때 교사는 어떤 반응을 보일 것인가?
- 기대치에 미치지 못하는 학생에 대한 교사의 반응은 학생에게 또 어떤 영향을 미칠 것인가?
- 기대를 중심으로 이들의 상호작용은 어떻게 나타날 것인가?

실제로 다른 학자들은 교사에게 현실적이지 않지만 학생에 대한 높은 기대를 품게 하는 정보를 주는 것이 언뜻 효과적인 것처럼 보이고 기대했던 성과가 나타나는 것처럼 보이지만, 효과가 오래 지속되는 것은 아니라고 밝혔다.

대다수의 학생에게 이러한 효과는 단지 일시적인 것에 불과했다. 잘못된 정보에 바탕을 둔 긍정적 기대는 시간이 지나면서 그 기대가 잘못되었다는 것이 밝혀짐으로써 효력을 잃게 될 수밖에 없다. 즉 기대가 좌절되는 것이다.

이는 교실에서 교사와 학생의 상호작용뿐만 아니라 세상의 모든 상호작용에서 나타난다. 누군가와 관계를 형성하고 유지하는 것은 서로에 대한 기대를 주고받는 것이기 때문에 시간이 갈수록 부풀려지거나 왜곡된 기대는 현실에 맞춰 바로 잡혀질 수밖에 없는 것이다. 하지만 이 현실과 기대 사이의 간극은 우리를 힘들게 한다. 간극이 클수록 우리는 더 힘들어진다.

이런 기대의 모습은 부모와 자녀 관계처럼 특히 많은 기대를 주고받는 관계 속에서 더 분명하게 나타난다. 유진 씨의 경우를 살펴보자.

유진 씨는 어린 시절부터 공부를 잘했다. 그녀의 부모님은 공부를 잘하고 말도 잘 듣는 그녀에게 큰 기대를 했다. 가정 형편이 어려워져도 그녀의 교육에 대한 투자는 아끼지 않고 물심양면으로 지원했다. 유진 씨는 그런 부모님의 기대에 부응하기 위해 열심히 공부를 했고 그 결과 좋은 대학에 들어갔다.

하지만 어느 순간 그녀는 그런 부모님의 기대가 부담스럽게 느껴지기 시작했다. 부모님은 여전히 그녀의 전공이나 학점 관리에 관여하며 경제적으로 안정적인 변호사의 길을 선택하기를 기대했다. 하지만 그녀는 이제 자신의 삶을 다른 방식으로 개척해보고 싶은 마음이 생겼다. 부모님이 권하는 길을 가기보다 자신이 원하는 다른 일을 해보고 싶은 것이다.

항상 자신들의 기대에 맞춰 행동하던 유진 씨가 뜻에 따르지 않자 부모님은 크게 실망하고 화를 내셨다고 한다. 그녀는 그런 부모님의 마음을 이해하면서도 다른 한편으로는 섭섭했다. 어떤 선택을 하든 부모님의 기대에서 자유롭지 못하고 얽매이는 자신의 모습도 씁쓸했다.

이런 유진 씨와 부모님의 모습은 우리에 대한 기대를 인식하면서도 원하는 길을 선택하기 위해 겪는 진통과 기대한 대로 이루어지지 않았을 때 힘들어하는 마음을 보여준다. 우리는 되도록 다른 사람들의 기대를 실망시키지 않으려 하기 때문에 그 기대에 부응해온 기간이 길수록 다른 방식으로 결정하기를 어려워한다. 우리에게 기대했다가 실망하는 사람들의 모습을 지켜보는 것이 힘들기 때문이다.

높은 기대가 좌절되었을 때, 기대치 위반 효과

유진 씨에게 큰 기대를 걸었던 부모님은 딸이 그들의 기대에 미치지 못하자 충격을 받은 나머지 그녀를 차갑게 대했다. 크게 기대한 만큼 크게 실망한 것이다. 이처럼 기대한 대로 이루어지지 않았을 때 실망하는 것을 '기대치 위반 효과(Expectancy Violation Effect)'라고 부른다.

앞서 피그말리온 효과는 바라는 대로 이루어지리라는 기대를 담은 상호작용이 기대를 받는 사람에게 불러오는 긍정적인 결과에 대해 말해주고 있다. 반면에 기대치 위반 효과는 기대했던 대로 이루어지지 않았을 때, 기대한 만큼 실망하고 힘들어하는 기대를 하는 사람의 마음을 나타내는 것이다.

기대치 위반 효과는 일상에서 다양한 모습으로 나타난다. 다음과 같은 예들을 생각해보자.

- 떠오르는 기대주로 주목받던 신예 선수가 기대한 만큼 좋은 성적을 보여주지 못할 때 사람들은 크게 실망한다.
- 굳게 믿었던 친구에게 배신을 당하면 우리는 크게 실망하고 상처를 받는다. 그래서 그 친구는 물론 다른 사람과의 관계에서도 쉽게 신뢰하지 못하고 깊은 관계를 맺기 어려워한다.
- 관계가 시작될 때 처음부터 너무 잘해주면 관계가 진행됨에 따라 상대는 우리의 호의를 당연하게 받아들이고 쉽게 실망한다. 때로는 기대치가 너무 높아져 일반적인 방식으로는 상대를 쉽게 만족시키기 어려워질 수 있다.

기대가 충족되지 않을 때 사람들은 기대했던 만큼 좌절하게 된다. 그래서 우리는 높은 기대를 하는 사람들을 부담스럽게 느낀다. 그들을 실망시킬까 두렵기 때문이다. 그리고 기대가 위반되었을 때 기대했던 사람들은 단지 실망만이 아니라 다양한 반응을 보인다. 그 반응은 다음과 같이 크게 '절망, 공격성, 집착'으로 나누어 살펴볼 수 있다.

절망 – 기대의 좌절이 절망으로 확장된다

나치의 홀로코스트 악몽 속에서 아우슈비츠 수용소에 감금되어 있다가 극적으로 살아남은 심리학자 빅터 프랭클(Viktor Frankl)은 자신의 경험을 회상하며 『죽음의 수용소에서(Man's Search for

Meaning)』라는 책을 썼다. 그 책의 한 부분을 보면 기대의 좌절이 우리를 죽음에 이르는 절망에 빠지게 한다는 사실을 알려주고 있다. 빅터 프랭클은 성탄절에서 새해 사이에 사망률이 급격히 늘어난다는 사실에 주목하며 이에 대한 수용소 의사의 말을 강조한다. 결국 중요한 것은 '삶이 우리에게 주는 기대'와 '우리가 삶에 대해 품는 기대'라는 것이다.

"1944년의 성탄절부터 1945년 새해에 이르기까지의 일주일간 수용소의 사망률이 전에는 볼 수 없었던 추세로 급격히 증가했다. (중략) 이와 같은 증가가 열악한 노동 여건이나 우리에게 공급되는 음식의 악화 혹은 기후의 변화나 새로운 전염병에 있지 않았다. (중략) 단순히 대다수의 죄수가 '성탄절까지는 다시 집에 돌아 갈 수 있겠지' 하는 가냘픈 희망에 기대를 걸고 살아왔던 탓이었다. (중략) 성탄절이 다가올수록 고무적인 소식을 들을 수 없자 죄수들은 용기를 잃게 되었고, 커다란 실의에 사로잡히고 말았다. 이와 같은 현상은 그들의 저항력에 위험한 영향을 끼치게 되었고 이로 인해 상당수의 죄수들이 죽어간 것이다."

매일 삶의 한계를 보여주는 절망적인 상황에 처한 아우슈비츠 수용소 사람들은 성탄절이나 새해와 같은 시기가 되면 자신의 모든 괴로움과 고난이 사라질 것이라고 기대했다. 하지만 그 시기가 지나도 모든 상황이 그대로라는 것을 발견하고는 전보다 더크게 좌절했다. 결국 그 깊은 좌절은 삶에 대한 의미와 의지를 앗

아가기에 이른다. 아우슈비츠 수용소에서 성탄절과 새해 사이의 높은 사망률은 기대에 대한 절망감 때문이었다. 이런 절망감은 우리 일상에서도 자주 나타난다. 다음의 이야기를 살펴보자.

현준 씨는 이번 면접에 자신의 모든 것을 걸었다. 대학 졸업반인 그는 졸업을 한 학기 늦춰가면서 회사에서 필요로 하는 자격 요건을 갖추기 위해 노력했다. 열심히 준비한 끝에 그는 원하던 회사 두 곳의 최종 면접까지 올라갔다. 두 회사의 면접도 만족스럽게 잘 치렀고 나름 자신만만했다. 면접관의 태도를 보아 두 회사 모두 합격은 분명해보였다.

그런데 합격 소식은 들려오지 않았다. 최종 면접에서 모두 탈락한 것이다. 그의 절망감은 너무나도 컸다. '차라리 1차에서 떨어졌더라면 많은 에너지를 쏟으며 기대하지도 않았을 텐데'라는 생각에 요즘 너무나도 심란하고 아무것도 하고 싶지 않았다. 가장 기대하던 회사에 입사하지 못하자 절망감에 의욕까지 잃은 것이다. 떨어지리라고는 생각도 못했기 때문이다.

우리는 기대하던 것이 현실에서 어그러질 때 크게 실망하고 좌절한다. 어떤 경우에는 그 실망과 좌절이 너무 커서 새로운 시도를 해볼 용기를 잃고, 삶에 대한 새로운 기대를 가질 의지조차 꺾이고 만다. 이처럼 이루어지지 않은 기대에 대한 실망감은 단지 지나가는 감정에 그치지 않고 우리를 오래 괴롭히며, 때론 우리를 위험하게도 만든다.

공격성 – 기대에 대한 좌절은 공격성을 일으킨다

2010년 7월 8일, 프로야구팀 기아 타이거즈가 두산 베어스에게 패하면서 16연패를 기록했다. 그러자 화가 난 일부 팬들이 기아타이거즈 선수단의 버스 앞을 가로막고 20여 분간 항의하는 소동이 일어났다. 응원하던 팀이 연패의 수렁에서 벗어나지 못하자 화가 나서 공격적인 행동을 보인 것이다. 결국 감독은 사태를 수습하기 위해 버스에서 내려 "죄송하다. 앞으로 열심히 하겠다. 부상 선수들이 팀에 복귀하면 팬들의 성원에 보답하겠다"고 직접 사과했다.

이처럼 우리는 기대가 좌절되었을 때 공격성을 보이기도 한다. 축구 경기를 보던 관중들은 당연히 골을 성공시키리라 기대했던 자기 편 선수가 실수를 하거나 공을 빼앗기면 호통을 치거나 땅을 구른다. 자녀들이 좋은 성격을 내리라 기대했던 부모들은 그 기대에 못 미치는 성적표를 받고 심한 말을 하기도 한다. 애정이 미움으로 표출되는 순간이다. 높은 기대와 그에 따른 좌절은 우리를 이렇게 공격적으로 만든다.

심리학자 킬릭 브라운(Kilik Brown)은 기대에 대한 좌절이 공격성을 일으키기도 한다는 사실을 보여주는 다음과 같은 실험을 했다. 그는 사람들을 두 집단으로 나눈 뒤 전화번호 명단을 주며 전화로 자선기금을 모으라는 과제를 지시했다. 한 집단의 사람들에게는 "이 명단의 사람들에게 자선기금을 모으는 것은 어렵지 않다. 이전에도 많이 모았다"라고 말해 과제가 쉬울 것이라고 기대하게 하고, 또 다른 집단 사람들에게는 "이 명단의 사람들에게 자선기금을 모으는 것은 어려울지도 모른다. 전에도 많이 모으지 못했다"라는 말을 해 과제가 쉽지 않을 것이라고 기대하게 했다. 한편 전화번호 명단에 있는 사람들에게는 전화가 오면 무조건 거절을 하라고 주문했다.

기부를 거절하는 사람들에 대해 참여자들은 어떤 모습을 보였을까? 과제가 성공하기 어려울 것이라는 말을 듣고 기대를 전혀 하지 않았던 사람들은 거절을 담담하게 받아들였지만, 기대를 했던 사람들은 거절에 대해 공격적이고 신경질적인 반응을 보였다. 그들은 전화를 거칠게 끊거나 거절한 사람에게 부정적인 말을 하기도 했다. 마치 골문 앞에서 실수한 축구 선수를 비난하고, 열렬히 응원하던 팀이 16연패를 당하자 항의하던 팬들처럼 말이다.

또한 우리는 사회에서 존경받던 인물이 실수를 하거나 그의 결함이 드러났을 때, 이전까지 그 사람을 이상화해 큰 기대를 걸었던 만큼 실망하며 심하게 깎아내리기도 한다. 애초에 현실적이고 합리적이지 않은 기대를 할수록 그 자리는 실망으로, 그 실망은 공격성으로 채워진다. 이 실험은 우리가 기대한 만큼 채워지지 않은 마음속 좌절감을 공격성으로 드러내기가 얼마나 쉬운지 보여주었다.

집착 – 기대가 좌절되었음에도 더 매달리다

보통 우리는 기대가 좌절되었을 때 충격에 빠지고 절망하고 분노한다. 그 후에는 그런 좌절의 경험을 계기로 기대하는 대상을 다른 관점에서 바라보거나, 기존의 기대를 더 합리적인 것으로 바꾸게 된다. 한 선수가 완벽한 피칭을 보일 수 없다는 사실을 알게 되면 우리는 그 선수에게 완벽함을 기대하는 것을 그만둔다.

그런데 어떤 사람들은 기대가 계속 좌절되었음에도 오히려 더 굳건하게 이전의 기대를 그대로 고수한다. 좌절되고 또 좌절되어도 다른 방식으로 생각하지 않을 뿐만 아니라, 의심의 가능성까지 불식시키며 마음속에 더 굳건한 기대의 철옹성을 쌓는 것이다.

도박 중독자들은 지금까지 도박에 걸었던 기대가 좌절되었음에도 '이번만큼은 다를 것'이라며 중독의 수렁에서 빠져나오지 못하고, 어떤 부모들은 자녀들이 자신의 기대대로 하지 못한다는 것을 반복적으로 경험했으면서도 더 크게 집착하며 기대를 수정하거나 꺾지 않는다. 결과가 기대한 대로 나타나지 않는 상황에서도 이전의 기대에 더 강하게 집착하며 고수하는 것이다.

심리학자 레온 페스팅거(Leon Festinger)는 이러한 우리들의 모습을 태도 변화의 관점에서 살펴보기 위해 한 추종자 집단 속에 잠입했다. 그는 세계가 곧 홍수로 멸망할 것이라고 굳게 믿고 있는 마리온 키쉬(Marion Keech)라는 여성과 그녀를 따르는 추종자들이 세계가 멸망하리라고 기대했던 시점에 그것이 이루어지지 않으면 어떤 반응을 나타내는지 관찰했다. 예언된 날짜는 1954년 12월 20일이었고, 장소는 일리노이 주의 레이크 시티에 있는 키쉬의 정원이었다. 키쉬와 추종자들은 멸망 직전 외계 생명체가 그날 그곳으로 자신들을 구하러 올 것이라고 기대했다.

물론 멸망은커녕 홍수도 찾아오지 않았다. 그 자리에 모였던 사람들이 기대했던 상황은 전혀 나타나지 않았다. 떠들썩하게 공언하던 이들은 자신들의 기대가 어그러졌을 때 과연 어떤 모습을 보였을까? 자신들의 기대가 좌절되었다며 힘들어했을까? 좌절감을 견디지 못하고 공격적인 모습을 보였을까? 이 모든 해프닝이 끝난 뒤에는 다시 일상으로 돌아갔을까?

결과는 반대였다. 대부분의 사람들은 자정이 되자 오히려 기뻐했다. 그들은 멸망 속 구원에 대한 신념에 대해서는 한 치의 의심도 없이, 오히려 기존의 것을 보강하는 새로운 신념과 기대를 만들었다. 그들은 자신들의 헌신으로 지구가 멸망하지 않았다고 주장했다. 기대를 수정할 필요가 있다는 것을 보여주는 명백한 증거를 지켜보면서도 기존의 기대를 수정하지 않았다.

키쉬와 추종자들의 모습은 역사상 언제나 나타났고, 지금 우리 일상에서도 자주 나타난다. 명백히 잘못되고 허황된 기대임이 분명하며, 이미 그 기대가 어그러졌음에도 이를 포기하지 못하고, 현실적으로 불가능한 상황 속에서도 포기하지 못한다. 때로 우리는 신념이 도전받는 시기에 오히려 그 신념을 더 옹호한다.

키쉬의 추종자들도 그와 같은 모습을 보였다. 그들은 키쉬의 말이 진실이라고 믿었고, 지구의 종말이 오면 구원되리라 기대했다. 하지만 종말이 찾아오지 않자 그들은 모순된 상황에 대해 불편함을 느꼈을 것이다. 이미 그곳에 많은 사람들이 모였고 지금까지 키쉬의 말을 믿어온 이상, 그들은 완전히 새로운 기대를 설정하기보다 기존의 기대를 고수하는 것이 더 쉽다고 느낀 것이다. 그래서 그들은 현실이 기대와 맞아 떨어지지 않았을 때에도 기존의 기대에 집착하는 모습을 보였다.

페스팅거는 현실이 신념에 일치하지 않을 때, 신념을 바꾸기보다 현실을 왜곡해서 받아들이는 그들의 모습에서 '인지부조화(Cognitive Dissonance)'의 가능성을 이야기했다. 인지부조화란 기대와 태도 사이, 혹은 태도와 행동 사이에 모순이 나타날 때 이런 비일관성에 대해 불쾌하게 느끼는 것을 말한다. 우리는 때로 모순된 생각이나 태도, 행동을 보이는 자신을 발견하게 된다. 이때 상황을 바로잡기 위해 어느 한 쪽을 일관적으로 바꾸려고 한다. 그때 행동이나 과거는 쉽게 바꿀 수 없으므로 자신의 태도를 바꾸는 것이다. 그의 인지부조화 이론은 태도가 행동에 영향을 미치는 것보다 행동이 태도에 영향을 미치는 면에 주목한 것이다.

우리는 때로 현실에서의 기대가 무너졌을 때 이를 인정하고 수용하기보다 환상적인 기대에 몰입하기도 한다. 좌절을 수용하기 어렵고 두려우며 자신의 기존 신념이 손상되는 것은 싫기 때문이다. 믿어왔던 누군가와 존경하던 누군가의 잘못된 모습을 발견하고도 그 사람에 대한 태도를 바꾸기보다, 오히려 더 열렬히 지지하고 옹호하는 모습을 보이는 것도 바로 이런 점에서 설명될 수 있을 것이다.

크게 기대했다가
크게 좌절하지 않기 위해

피그말리온 효과로 다시 돌아가보자. 피그말리온 효과는 학생들이 기대를 받을수록 더 큰 실력 향상을 보인다는 점을 밝혔고, 적어도 교실 안에서는 기대하는 것이 긍정적인 모습으로 나타남을 알 수 있었다. 하지만 교실 밖 현실 속에서 기대는 더 복잡한 양상을 보이기에 이를 그대로 적용하기에는 한계가 있다. 더구나 로젠탈 실험의 학생들마저 학년이 올라갈수록 뚜렷한 기대의 효과를 드러내지 않았다. 아마도 학년이 올라갈수록 학생들을 향한 기대는 더 복잡한 모습을 띠었을 것이다. 학생들은 자신에게서 좋은 것을 기대하고 관심을 보여주는 피그말리온 효과의 영향을 받으면서도, 자신에게 기대하는 사람에게 영향을 미치는 기대치 위반 효과도 인식하게 되었을지 모른다.

그러니 우리는 관심과 애정을 전하는 피그말리온 효과의 긍정적인 영향을 활용하는 동시에, 부담감과 두려움을 주는 기대치 위반 효과의 부정적 영향은 최소화할 필요가 있다. 이를 위해 우리는 기대를 어떤 방식으로 하는 것이 좋을까?

현실에 바탕을 둔 기대를 하라

마틴 셀리그만(Martin Seligman)은 초반에는 우울증의 원인이 되는 부정적 기대와 사고 과정을 밝히는 실험과 이론으로 유명하다. 그는 우리가 가진 비관적 기대에 대한 수많은 연구와 논평에 오랜 시간과 노력을 쏟아부은 끝에, 우리의 삶을 이끌어주며 건강하고 풍요롭게 해주는 긍정적인 면에 더 관심을 보이게 되었다. 그는 현재 심리학 역사의 중요한 패러다임을 구성하고 있는 긍정심리학의 대가로 왕성한 활동을 하고 있다.

셀리그만은 아이를 낙천적인 사람으로 키우기 위해 필요한 것을 크게 두 가지로 꼽았다. 하나는 긍정적인 피드백이다. "잘했어", "잘할 거야", "괜찮아", "좋아", "너를 믿어" 등과 같이 칭찬하고 긍정적인 기대를 표현하는 말이다. 주변에서 아이의 행동을 반영해주고 격려하고 칭찬하는 것이 아이의 낙천적인 성향에 좋은 지지대가 된다는 것이다.

셀리그만은 긍정적 피드백을 강조했지만 긍정적 피드백만을 중요하게 생각하는 미국 사회와 교육 시스템에 대해서는 비판했다. 무턱대고 잘한다거나 잘하라는 말을 남발하는 것이 문제가 될 수 있다는 것이다. 그의 관점에서 한 사람의 낙천성을 구성하는 요소는 알맹이 없는 피드백이 아닌 진짜 알맹이에 해당하는 긍정적 경험, 즉 실제로 무엇인가를 잘해낸 경험이기 때문이다.

아주 어린 아이들조차 자신이 잘하는지 못하는지 감지할 수 있다. 자신이 잘했고 잘할 수 있다고 느낄 때 좋은 피드백을 받는 것은 분명 그들을 낙천적인 사람으로 성장시키지만, 잘못한다고 생각했는데 잘했다거나 잘할 거라고 믿는다는 얘기를 들으면 도움이 되지 않는다.

도저히 힘을 낼 수 없는 상황에 처한 사람에게 "힘내!"라고 말하는 것만큼 공허한 말은 없다. 누군가의 긍정적인 피드백을 받는 것이 그들의 행복과 건강에 도움이 되지 않는 것이다. 이때 우리는 부담을 느끼거나 주변 사람의 피드백을 신뢰하지 않게 될 수도 있다. 오히려 긍정적인 피드백이 부정적인 영향을 미치기도 한다.

결국 셀리그만은 한 사람의 낙천성을 위해 긍정적 피드백과 긍정적 경험이 모두 중요하지만, 그 가운데 더 중요한 것은 진짜 경험이라고 보았다. 그러니 알맹이가 없는 과도한 칭찬과 단지 타인의 기대에 바탕을 둔 격려 대신, 경험을 소화시킬 수 있는 데 도움이 되는 객관적이고 중립적인 격려를 아이에게 해주라고 셀리그만은 조언한다.

기대에 대해서도 마찬가지다. 우리는 감당하기 어려운 높은 기대를 하기보다, 타인에 대해 중립적이고 객관적인 기대를 걸고 이를 표현하는 것을 중요하게 생각해야 한다. 100만큼을 기대해야 할 사람에게 100 이상의 기대를 하는 것은 관계를 불편하게 한다. 기대를 받는 입장에서는 타인을 실망시킬까봐 압박감과 부담감을 느끼게 되고, 기대를 하는 사람 입장에서도 기대치 위반 효과는 기대했던 만큼 채워지지 않아 기대했던 그만큼 더 실망하게 된다는 것을 알 수 있다.

모든 기대를 버릴 수는 없다. 그러나 현실에 바탕을 둔 객관적이고 중립적인 기대를 하고 있는지는 수시로 살펴야 한다.

기대는 객관적이면서 잠정적으로 하라

때로 우리는 나 자신, 혹은 나와 가까운 누군가가 잘 하기를 기대하는 마음 때문에 객관적인 눈을 상실하고 높은 기대치를 품는다. 그러다가 기대대로 되지 않을 경우 우리는 실망하고 좌절하고 분노하기도 하고, 그러면서도 기대를 내려놓기보다는 더 집착하며 현실적인 대처를 하지 못하기도 한다. 기대는 우리 마음에서 자동적으로 설정된다. 그러니 우리가 무심코 상대에게 던지는 기대가 과연 객관적 증거에 기반을 두고 있는지 수시로 돌아볼 필요가 있다.

또한 기대가 좌절되었을 때는 자신의 기대를 다시 돌아보고 새롭게 조정할 필요도 있다. 기대가 반복적으로 좌절된다는 것은 그 기대가 너무 높았거나 비현실적이었다는 것을 의미한다. 변수가 많은 현실 속에서 우리의 기대는 수시로 좌절되고 그럴 수밖에 없다. 그러므로 우리는 기대를 할 때마다 그것이 좌절될 수도 있음을 예상하고 현실에 맞춰 조정하는 것이 필요하다. 우리의 모든 기대는 잠정적인 것이어야 한다.

기대치 위반 효과를 활용하라

우리는 냉소적인 독설가들의 칭찬을 귀하게 듣는다. 그들의 칭찬은 칭찬을 자주 해주는 사람들의 칭찬보다 더 강력한 힘을 발휘한다. 왜냐하면 우리는 그에게서 긍정적인 피드백을 받으리라는 기대를 거의 하지 않기 때문이다. 반대의 경우도 마찬가지다. 또한 반대로 긍정적인 칭찬을 주로 하던 사람에게 부정적인 피드백을 들을 때, 그 말은 더 큰 파급과 울림을 가진다. 역시 우리의 기대치가 위반되었기 때문이다. 기대치 위반 효과는 이런 방식으로 이용, 역이용될 수 있다.

누군가에게 중요한 메시지를 전하고 싶거나 기존에 내가 해온 이야기들을 뒤집어보거나 더 크게 강조하고 싶다면 기대치 위반 효과를 생각해보라. 지금까지 칭찬에 인색했거나 선물을 잘 하지 않았다면 전혀 기대하지 않았던 후한 칭찬을 하거나 선물을 해보기도 하고, 칭찬과 좋은 말로만 누군가를 향한 나의 진심을 반쪽만 표현해왔다면 독설처럼 따갑게 들릴 수 있는 말도 건네보자.

단, 이 모든 말과 행동에는 우리의 진심이 담겨있어야 한다. 또한 이를 너무 자주 사용하다보면 효과가 가감되고 높아진 기대만큼 실망하는 또 다른 기대치 위반 효과가 발생하니 적절하게 사용하는 것이 중요하다.

잠시 떨어져서
나를 만나기

처음에 소개했던 지현 씨의 이야기로 돌아가보자. 그녀는 문득 자신의 삶을 돌아보니, 선생님들을 비롯한 주변 사람들의 기대에 따르느라 진정 자신이 원하는 것을 찾지 못하고, 꾸역꾸역 밥을 먹고 억지로 소화시켜온 것 같은 느낌이 든다며 힘들어했다. 그래서 잠시 다른 사람들의 시선과 목소리에서 벗어나, 오롯이 혼자서 자신에게 말을 걸어보고 싶다며 여행을 떠났다.

지현 씨는 며칠간 일상을 벗어난 여행을 통해 그녀는 누군가의 인정을 받기 위해서가 아니라, 자신이 진정 원하는 것이 무엇인지를 찾기로 결심했다. 처음에는 더 불안하고 갑갑하기도 했지만, 결국 자신이 하고 싶은 것을 위해 전공도 바꾸었다. 그 후 지현 씨는 훨씬 만족스런 삶을 살게 되었다.

주변의 기대 때문에 갑갑해지면 우리도 그녀처럼 매일 하던 일의 관점에서 떨어져 다른 방식으로 내 삶을 돌아보고, 타인의 기대에서 벗어나 있는 그대로의 나를 만날 필요가 있다. 아무리 긍정적인 의도를 담고 있는 기대라도 본래 의도와는 달리 결과적으로는 어떤 기대가 우리의 진짜 마음을 덮어버리는 일이 비일비재하기 때문이다.

지현 씨의 이야기와 피그말리온 효과가 어떻게 들리는가? 만약 우리의 삶이 다른 사람의 기대에 맞춘 방식으로 진행되고 있다는 느낌이 든다면, 우리에게도 지현 씨와 같이 일상에서 잠시 떨어져 기대에서 벗어난 자신을 만나는 시간이 필요하다.

부모님과 선생님의 사랑을 받고 인정을 받는 것이 절실한 어린 시절에는 그들의 기대를 통해 자신을 발견하고 성장해나가는 것이 우리들에게 중요했을지도 모른다. 그러나 언제까지나 다른 사람의 기대에 부응하고 인정받기 위해 살아갈 필요는 없다. 중요한 것은 타인의 기대가 아니라 나의 목소리다.

KEEP CALM
AND
CARRY ON

사람은 만족하기 위해서가 아니라
기뻐하기 위해 태어났다.
_폴 클로델

chapter *2*

모든 기대를
다 들어주려고 한다

: 아틀라스 증후군

대한민국에서
남자로 산다는 것은

"스물여섯 살에 입사해 마흔다섯 살까지 회사에서 잘리지 않고, 그 시간에 20년 동안 쓴 것과 향후 20년간 쓸 것을 뽑아내는 동시에 결혼해서 집도 사고 애도 키워야 하니, 이건 뭐 고생길이 훤한 거지 뭐."

몇 년 전 한 남자 선배가 회사에 입사했을 때 축하한다는 나의 인사에 대답했던 말이다. 어려운 관문을 통과해 기뻐해야 할 때 그는 한숨까지 쉬어가며 그렇게 말했다.

그때 나는 그가 왜 그렇게 냉소적이고도 암담하게 자신의 앞날을 내다보는지 알 수 없었다. 하지만 그 말을 이해하기까지 그리 많은 시간이 필요하지는 않았다. 가장으로서 채워야 하는 많은 기대 때문에 힘들어하는 사람들의 모습은 상담실에서 뿐 아니라 일상에서 쉽게 만나볼 수 있기 때문이다.

채워야 할 기대가 많은 사람들의 삶은 재미가 없어 보인다. 그들은 늦은 시간까지 일을 하고 난 뒤에도 곧바로 집에 가기 싫어한다. 돈 버는 기계로 전락한 것 같은 자신도 싫고, 그렇게 만든 주변사람도 싫다.

사랑하는 가족에 대한 마음도 복잡하다. 사랑하지만 의무와 역할에만 갇힌 부담스러운 관계로 전락한 것만 같다는 생각이 들기도 한다. 온종일 하기 싫은 일을 하면서 힘들었는데 집에서도 그 부담을 이어가기는 싫다. 그래서 그들은 열정 없이 일하다가 지친 마음을 새벽까지 놀면서 보상받기를 원한다. 위로가 아닌 잠깐의 도피인 셈이다.

슈퍼 아빠와 슈퍼 엄마,
아틀라스 증후군

우리 시대 아버지들이 어깨에 지고 있는 기대와 그에 따른 부담감은 '아틀라스 증후군(Atlas Syndrome)'으로 이야기할 수 있다.

아틀라스 증후군은 영국의 팀 캔토퍼(Tim Cantopher) 박사가 처음 만들어 낸 신조어로 그리스 로마 신화 속 아틀라스 이야기에서 유래했다. 신화적 설정에 따르면 아틀라스는 지금도 우리 모두가 앉아 있는 이 지구를 자신의 어깨로 떠받치고 있다고 한다.

그러니까 70억이 넘는 인구와 엄청나게 많은 건물들이 있어, 단순히 '무겁다'라는 형용사로 설명할 수 없는 무게의 이 지구를 떠받치는 책임이 그에게 주어진 것이다. '아틀라스'는 책임감과 부담감이 큰 우리 시대 가장을 표현하는 은유라고 할 수 있다.

아틀라스 증후군은 또 다른 말로 '슈퍼 아빠 증후군'이라고 불리기도 한다. 이는 우리 시대의 많은 아버지들이 직장에서는 업무와 관련해 유능성을 발휘하고, 집에 와서는 '완벽한 아빠, 훌륭한 남편'이 되어 남성상을 실현하려고 하는 강박관념에 시달리고 있다는 것을 의미하는 것이다.

'아틀라스 증후군'은 '슈퍼 아빠 증후군'을 포괄하는 집단 증상을 의미한다고 할 수 있다. 이와 마찬가지로 완벽한 아내, 훌륭한 어머니, 화려한 경력을 쌓은 멋진 전문직 여성, 누구에게나 친절하고 상냥한 여성 등 모든 면에서 완벽함을 지향하려 하는 '슈퍼 우먼 증후군(Super Woman Syndrome)' 역시 성별이 다르고 다른 성별에 대한 기대의 모습이 변할 뿐 결국 같은 마음의 모습을 보인다.

이들은 모두 자신의 욕구보다 타인의 평가에 더 민감한 모습을 보이며 이런저런 스트레스에 시달린다. 한마디로 혼자 다 해낼 수 없는 것을 혼자 다 하려다가 '너무' 무리한다.

아틀라스들은
이런 모습을 보인다

이런저런 기대의 십자가를 홀로 다 진 듯한 벅찬 삶을 사는 우리 시대 가장들의 모습에서 우리는 아틀라스를 보게 된다. 그리고 아틀라스들은 다음의 세 가지 특징을 보인다.

첫째, 항상 쫓기는 느낌을 받으며 언제나 기대에 120% 부응하려고 한다. 아틀라스들은 언제나 기대보다 더 크게 부응하고자 노력한다. 이들은 어떤 일이든 즐겨서 하기보다 잘하기 위해 한다.

하나의 일이 끝나면 이전의 성공을 음미하며 스스로에게 휴식과 격려의 시간을 주기보다, 빨리 또 다른 책임이 주어지는 일을 하려고 한다. 경쟁사회에서 살아남기 위해 한순간도 가만히 있지 못한다. 불안하기 때문이다.

둘째, 아틀라스의 성공은 '공격적 성공'이 아닌 '방어적 성공'이다. 이들은 성공을 하더라도 쉽게 만족하지 못한다. 왜냐하면 이들의 성공은 자신의 영혼을 기쁘게 하기 위한 성공이 아니라 타인의 기대에 부응하기 위한 성공이기 때문이다. 성공을 위해 달리기보다 실패를 피하기 위해 끝없이 달리고, 성공을 위해서가 아니라 실패하지 않고 가진 것을 지키고 싶기에 성공해야 하는 셈이다. 그러니 성공을 하고 난 이후에도 이들의 마음은 공허할 수밖에 없다.

셋째, 기대를 강하게 의식하며 친밀한 정서적 교류를 힘들어한다. 이들은 매일같이 경쟁이 심한 일터에서 생존경쟁을 하며, 돈을 벌고 가족을 부양하기 위해 그다지 재미를 느끼지 못하는 일을 떠밀려 해야 한다. 또한 집에 돌아와서는 가족들이 자신에게 버거운 기대를 한다며 힘들어한다. 힘들다고 말하고 싶지만 표현이 익숙하지 않기 때문에 어떻게 표현해야 할지도 모르겠고, 일만 하느라 가족과 시간을 보내거나 대화를 시도해본 적도 별로 없다. 오로지 주변 사람들이 자신에게 많은 기대를 하는 것이 갑갑하고 짜증스러울 뿐이다.

아틀라스의 심리건강

다양한 기대에 대해 과도한 책임감을 느끼고, 항상 성공을 향해 달리면서도 자신의 엄청난 부담감에 대해서는 친밀한 사람들과도 나누지 못하는 아틀라스들은 다양한 심리적 어려움을 경험할 가능성이 크다. 과도한 책임감에 따른 심리적 어려움은 비단 한국의 가장들에게만 나타나는 현상은 아니다.

최근 영국 일간지들은 영국의 가장들이 극심한 스트레스 때문에 정신과나 심리상담소를 찾는 경우가 급증했다고 보도했다. 영국의 젊은 가장들은 회사 일만으로도 버거운데 집에 와서도 아이들의 기저귀를 갈아주고 가사를 도우면서 완벽한 아빠 노릇을 하려고 한다. 이에 대해 영국 의사들은 "멋진 남편과 좋은 아빠가 되려는 30~40대 초반의 가장들이 드디어 막다른 골목에 몰렸다"며 "강한 척하려다 아틀라스처럼 저주를 받은 셈"이라고 지적했다.

한국에서는 특히 대기업 임원들 사이에서 이런 아틀라스 증후군이 더 분명하게 나타나는 것 같다. 한국경제신문이 서울대병원 강남센터와 공동으로 2009년 7월부터 약 1년간 대기업 임원 500명의 정신건강을 진단했다. 그 결과 우울증 진단을 받은 사람이 전체의 13%로 나타났다. 과거에 우울증을 앓았던 사람까지 합치면 이 수치는 25%에 육박한다고 한다.

조사 결과마다 조금씩 차이는 있지만 일반인을 상대로 한 우울증의 평균 유병률이 보통 9%로 나타나는 것을 감안한다면, 이는 대기업 간부들이 보통 사람들보다 우울증에 더 취약하다는 것을 의미한다. 대기업 임원들의 정신건강에 심각한 적신호가 나타난 셈이다.

이에 대해 서울대병원 강남센터의 윤대현 정신과 교수는 스트레스의 80%가 업무와 관련된 부담과 경쟁적인 조직 내에서 과도한 업무를 맡고 다른 팀원들과 갈등하는 데서 비롯된다고 보았다. 이런 스트레스성 증상은 단순한 우울증뿐만 아니라 무기력증,

동료나 부하에게 짜증을 잘 내는 등의 민감한 반응, 불안감, 건망증 및 집중력 저하, 수면장애, 만성두통 및 소화불량 등의 신체증상과 다양한 심리현상으로 나타난다고 한다.

스트레스에 대한
해결 통로가 막혀 있을 때

아틀라스들이 과도한 기대 때문에 스트레스를 받고 있다는 것도 문제지만, 더 큰 문제는 이런 스트레스를 적절히 표현하고 해결할 통로가 막혀 있다는 데 있다. 기대에 대한 부담감은 이들에게 큰 스트레스가 된다. 그런데 책임감이 강하고 성취지향적인 이들은 주어진 일을 완벽하게 해내기 위해 자신을 희생해야 한다고 생각하며 스트레스를 쉽게 표현하지 못한다.

결국 해결되지 않은 스트레스는 안으로 곪아가는 동시에 밖으로 폭발하는 방식으로 나타나기 마련이다. 그러다보니 스트레스는 이런저런 심리적 문제를 불러일으키고, 이 때문에 생긴 다른 스트레스가 이들을 더 힘들게 하는 것이다.

이런 스트레스가 오래 진행될 경우 우리는 오히려 책임을 다하지 못하거나 기대에 부응하지 못하게 되고, 다른 사람과의 관계에서 갈등하기도 한다. 김 부장처럼 말이다.

김 부장은 동료들 사이에서 찔러도 피 한 방울 안 나올 완벽주의자로 통한다. 그는 자신에게 주어진 일을 완벽하고 빨리 처리해내는 능력이 있어 다른 사람들보다 승진이 빨랐다. 하지만 그의 이런 완벽함과 효율성은 김 부장 자신과 함께 일하는 사람들의 자유까지 희생한 끝에 얻어진 것이었다.

책임감이 강한 그는 모든 것을 완벽하게 처리하려고 했고 그만큼 좋은 성과를 냈다. 하지만 그는 성과가 쌓일수록 더 혹독하게 자신을 채찍질했다. 잠시도 가만히 있지 못했고, 휴식 시간마저 그냥 흘려보내기가 아깝다며 견디기 힘들어했다. 많은 것을 성취한 이후에도 스스로에 대해 이전보다 더 높은 것을 기대했고, 더 강한 책임감을 느꼈기 때문이다.

자녀들의 교육을 위해서도 김 부장은 기꺼이 기러기 아빠가 되기를 자처하며 지금까지 무조건 앞만 보며 달려왔다. 하지만 요즘 들어 예전부터 해오던 일을 하는데 의욕이 생기지 않고 짜증과 분노가 솟구쳤다. 책임감의 무게가 자신의 어깨를 무겁게 짓누르면서 모든 걸 포기해버리고 싶은 마음도 들지만, 한편으로는 지금까지 해왔듯 해내야 한다는 생각에 갑갑했다. 그러다보니 예전보다 더 자주 사소한 일에 짜증을 내며 주변 사람들을 힘들게 하기 일쑤였다.

누군가가 자신의 기대치만큼 따라주지 않으면 불같이 화를 내며 있는 그대로 감정을 폭발시켰기 때문에, 김 부장의 직원들은 물론 가족들도 그 옆에 있는 것을 힘들어했다. 언제나 즉각적인 결과를 원하고 빨리 해결해내라고 주위 사람들을 압박하니 함께 스트레스를 받게 되는 것이다. 겉으로 보았을 때 그의 삶은 성공적이었지만 실상은 공허하고 외롭고 힘들었다. 그럼에도 그는 자신에 대한 부담감에서 벗어날 수 없었다.

잘 생각해보자. 주변 사람들 중에 김 부장과 닮은 사람이 있지 않는가? 혹시 책임감 때문에 자신과 타인에게 높은 기대를 걸고 다른 사람이 내 기준만큼 따라주지 않는다고 힘들어하지는 않는가?

아틀라스 증후군과 완벽주의, 경쟁적 성격의 결합

아틀라스 증후군은 다양한 심리적 문제와 결합되어 나타나고 심리적 문제가 몸으로 나타나는 신체화 반응을 불러오기도 한다. 특히 김 부장의 아틀라스 증후군은 다음의 두 가지 심리적 특성과 결합해 부정적인 모습으로 나타났다. 하나는 완벽주의이고, 다른 하나는 Type A 성격이다. 이 두 가지 특성은 아틀라스들을 심리적으로 막다른 골목으로 내몰았고, 각종 신체적 증상에 시달리게 만든다.

완벽주의 – 흐트러지면 참을 수 없다

완벽주의자란 자신이나 타인에게 보통보다 더 높은 수행 수준을 부과하는 경향성을 말한다. 완벽주의자들은 성실하고 책임감이 있으며 철저하게 일을 수행하기 때문에 어디에서든 인정과 존경을 받는 편이다.

우리는 흔히 부정적인 어감으로 완벽주의를 이야기하지만 완벽주의 자체는 관계와 성취 면에서 긍정적인 특성이 있다. 우리 사회가 완벽한 수행을 보이는 사람을 선호하기 때문에 우리들이 완벽한 사람이 되고 완벽한 사람으로 비춰지기 위해 노력하는 것은 어쩌면 당연한 일이다. 완벽해진다는 것은 그만큼 사회나 타인이 자신에게 요구하는 기대를 더 많이 채워줄 수 있다는 것을 의미하기 때문이다.

이런 완벽주의가 경직되거나 비현실적인 모습으로 나타날 때 우리의 정신건강에 큰 문제를 불러올 수 있다. 특히 높은 기대를 지나치게 의식하고 있는 아틀라스들이 완벽주의적인 모습을 보일 때, 그들은 매우 경직된 모습으로 완벽주의를 지향할 가능성이 크다.

우리에게 도움이 되는 긍정적 특성을 가진 완벽주의를 '유연한 완벽주의'라 하고, 그에 반해 아틀라스들에게 도움이 되지 않는 과도한 완벽주의를 '신경증적 완벽주의'라 해서 대조해보겠다. 먼저 신경증적 완벽주의는 크게 두 가지 모습으로 나타난다.

첫째는 자기기준의 완벽주의로 비현실적으로 높은 기준을 스스로에게 부과하는 것이다. 이들은 스스로 그 정도는 하는 것이 너무나도 당연하다고 느끼기에 실패를 하면 크게 자책하거나 우울해한다.

둘째는 사회기준의 완벽주의로 다른 사람이 자신에게 비현실적으로 높은 기대를 한다고 믿는 것이다. 아틀라스들은 사람들이 자신에게 비현실적으로 높은 기대를 하더라도 인정받기 위해 반드시 기대에 부응하려고 노력한다. 높은 기대를 채우기 위해 자신과 주위 사람들을 압박하기 때문에 쉽게 지치고 힘들어한다. 하지만 그럼에도 끝까지 그 기대를 벗어나지 못한다.

내 안의 신경증적 완벽주의를 간단히 알아보기 위해 다음 질문들에 스스로 답해보자.

- ⊘ 모든 면에서 다른 사람보다 더 높은 기준을 세운다. (O X)
- ⊘ 계획이 흐트러지면 참을 수 없다. (O X)
- ⊘ 혹시라도 실수하면 내 가치가 낮아지는 것 같다. (O X)
- ⊘ 언제나 완벽한 모습으로 제시하는 것이 나에게 중요하다. (O X)

이 질문들을 보면 신경증적 완벽주의자가 행복감과 만족감을 느끼기란 현실적으로 힘들 것이라는 사실을 가늠할 수 있다. 모든 면에서 잘하려고 하고, 언제나 완벽해보이려 하고, 변수가 많은 세상 속에서 계획이 흐트러지는 것을 참을 수 없어 하니 말이다. 신경증적 완벽주의자라면 겉으로는 아무렇지 않은 척해도 마음속으로는 혹시 자신이 실수를 할까봐 두려워하고 움츠러들기도 쉬울 것이다.

그렇다면 유연한 완벽주의는 신경증적 완벽주의와 비교해 어떤 특성을 가지고 있을까? 유연한 완벽주의와 신경증적 완벽주의는 개인에게 높은 수준을 기대하는 사회 속에서 스스로에게 높은 기준을 부과하고 그에 맞추기 위해 최선을 다한다는 점에서 공통점을 보이지만, 이 둘 사이에는 큰 차이가 있다. 아래의 표를 살펴보자.

신경증적 완벽주의	유연한 완벽주의
비합리적 사고에 기반을 둔다	합리적 사고에 기반을 둔다.
'항상', '~만', '반드시'와 같이 한 가지 상황만을 기대하고, 예외적인 상황에 열려 있지 않다.	다른 변수가 있을 수 있다는 것을 인정하고 다양한 상황에 열려 있다.
목표를 달성한 후에도 스스로에게 만족하지 못하고 자신을 끊임없이 채찍질한다.	잘되지 않을지라도 최선을 다했다며 자신을 다독일 줄 안다.
자신과 타인에게 부정적인 감정을 자주 느낀다.	자신과 타인에게 긍정적 감정을 자주 느낀다.
부정적인 자아상을 가진다.	긍정적인 자아상을 가진다.
자신과 타인의 기준이 다르다는 것을 인정하기 어려워 대인관계에서 충돌과 갈등이 일어나기 쉽다.	다른 사람이 자신과 다르다는 것과 상황의 변화를 더 쉽게 받아들인다.

학자들은 신경증적 완벽주의가 본질적으로 강렬한 실패 회피 욕구에서 비롯된다고 본다. 어떻게 하든지 실패와 실수를 피하고 싶어하고, 자신의 일이 성공적으로 마친다 하더라도 쉽게 만족하지 못하는 것이다. 그들의 성장과정을 잘 살펴보면 그들에게 높은 기준을 부과하고 자신들의 기대를 만족시켰을 때에만 사랑과 인정을 주었던 부모나 중요한 타인이 있을 것이다. 이들과의 조건적인 상호작용을 살펴보면 신경증적 완벽주의를 불러올 가능성이 크다는 것을 알 수 있었다.

지나치게 완벽주의를 지향하다보면 우리는 건강과 행복에서 멀어질 뿐만 아니라 타인의 인정과 승인을 받는 것도 어려워진다. 혹시 내 안에서 신경증적 완벽주의자인 아틀라스의 모습을 보게 된다면, 중요한 타인과의 상호작용 속에서 느끼는 기대에 대해 다시 한번 생각을 정리해볼 필요가 있다.

Type A 성격 유형 - 이기지 않고는 못 배긴다

미국에서 가장 높은 사망률을 기록하는 질병 가운데 하나인 관상동맥심장질환(CHD; Coronary Heart Disease)을 연구하던 학자들은 이 질병이 단순히 생리적인 원인으로 유발되는 것이 아니라는 사실을 알게 되었다. 그들은 우리의 성격 특성이 이 질병과 깊은 관련이 있다는 것을 알게 되었는데, 특히 'TypeA 성격(Type A personality)'이라 불리는 심리적 특성과 매우 긴밀한 관련이 있다는 사실을 밝혔다. 심리학자 한스 아이젱크(Hans Eysenk)가 제시한 Type A 성격의 핵심은 '긴장, 야망, 활동성'으로 적은 시간 내에 많은 것을 성취하려고 노력하는 사람에게서 볼 수 있다고 한다.

앞에서 예로 든 김 부장과 같이 항상 서두르고 경쟁심이 강하며 쉽게 초조해하고 야심적이고 저돌적이며 아주 사소한 일에도 감정을 폭발시키고 하던 일을 좀처럼 중단하려 하지 않고 극심한 불안에 시달리며 다른 사람의 말을 중간에 끊는 등의 성향을 가진 사람들이 Type A 성격 유형을 가졌다고 할 수 있다. 경쟁적인 사회에서 큰 책임감에 대한 부담을 지고 살아가는 아틀라스는 정신건강뿐만 아니라 신체 건강에도 큰 문제에 부딪치게 될 수 있다는 점을 보여준다.

우리 시대의
아틀라스에게 건네는 조언

아틀라스의 삶은 힘겹다. 힘겨운 마음을 표현할 통로가 막혀 있는 아틀라스들에게 지구의 무게만큼의 부담감에 대한 대책이 필요하다. 이들에게는 다음과 같은 대책을 권한다.

스트레스를 풀 수 있는 친밀한 관계를 유지하라

아틀라스들이 경험하는 심리적 어려움은 결국 관계를 악화시키고 능률을 떨어뜨리는 결과를 불러온다. 자신을 향한 모든 기대를 다 들어주려다가 오히려 그 기대를 들어주지 못하는 역설적인 상황이 발생하는 것이다. 최근에는 기업들도 아틀라스들이 경험하는 심리적 어려움에 주목하고 이를 해결하기 위한 방법 마련에 고심하고 있다.

이와 관련된 가장 대표적인 해결책이 기업들의 심리상담센터 활용이다. 한국경제신문이 25개 대기업을 대상으로 임직원 심리상담소 운영 실태를 조사한 결과 14개사가 임직원을 위한 정신건강 상담실을 운영 중이고, 앞으로 더 많은 기업들이 심리상담센터를 운영함으로써 아틀라스들이 경험하는 스트레스를 해결하기 위해 도움을 줄 계획이라고 한다.

하지만 아직까지 상담센터를 보유하고 있는 기업의 수도 적고, 전문적인 상담을 통해 자신의 마음을 표현하고 자신이 경험한 스트레스를 풀기에는 심리상담의 필요성과 효용성에 대한 인식이 부족한 실정이다. 또한 책임감이 강한 아틀라스들은 자신의 증상을 표현하기 꺼려하는 편이다. 전문가의 도움을 받기에는 한계가 있는 것이다.

그러니 주변 사람들의 기대에 지친 아틀라스라면 일단 가족과 친구 등 친밀한 관계를 기반으로 스트레스를 풀 수 있는 방법을 찾는 것이 중요하다. 힘들 때는 짜증을 내거나 혼자서 동굴 속으로 숨어서 일이 진정되기를 기다리지 말고, 나에게 소중한 사람에게 진심을 표현하는 것이다.

또한 표현하지 않았다고 해도 주변 사람들은 이미 당신이 재미없어하고 힘들어하고 있다는 사실을 알고 있다. 주변 사람들과 많은 대화를 하자. 그렇게 주변 사람들과 이야기를 하는 과정에서 우리는 사람들의 기대가 지구만큼 큰 것은 아니라는 것을 알게 될지도 모른다. 그들은 우리가 행복하기를 바란다. 그래야 함께 행복해지니 말이다.

기대에 대한 균형 감각을 유지하라

'나를 버겁게 하는 기대'라는 문제가 삶의 영역에서 떠오르기 시작할 때 사람들은 다양한 모습을 보인다. 이런 모습은 크게 세 가지로 나눌 수 있다.

첫째는 무작정 들어주기다. 이 세상의 모든 아틀라스들이 바로 이 유형에 해당한다. 이들은 타인이 자신에게 원하는 것을 예민하게 인식한다. 이들은 거절하는 것을 다른 무엇보다 어려워하고, 거절을 해서 마음이 불편해지니 힘들어도 타인이 기대하는 책임과 의무를 채워주는 것을 더 편하게 느낀다. 그렇기에 이들은 대체적으로 좋은 평가를 받는다.

하지만 그런 평가의 대가로 어떤 면은 희생될 수밖에 없다. 이들의 시간과 노력, 감정은 자신들이 원하는 방향이 아닌 타인이 기대하는 방향으로 사용된다.

둘째는 무조건 반항하기다. 둘째 유형은 첫째 유형과 정반대의 모습을 보인다. 무조건 반항하는 이 사람들은 사회가 자신들에게 기대하는 모든 사회화 과정에 과민하고 부정적인 반응을 보인다. 이들은 항시 회피하는 모습을 보이고, 자신의 경계 너머에서 뻗어오는 수많은 기대에 대해 부정적인 반응을 보인다. 이들은 자신들이 속한 모든 조직 내에 존재하는 규범과 의무에서 억압적인 면을 발견하고 이를 타파하거나 피하기 위해 투쟁한다.

창의적이고 혁명적인 장점을 지니고 있는 아틀라스에 대해 주변 사람들은 이들이 일부러 힘든 방식을 택한다고 말하기도 한다. 게다가 조직을 이끌어가는 리더와 이들의 선배와 사수들은 기대대로 해주지 않는 이들에 대해 불온하거나 무례하다고 평가할 수도 있다. 그들은 기대에 쉽게 따라주지 않기 때문이다.

셋째는 균형점 찾기다. 첫째 유형과 둘째 유형 사이에서 균형점을 찾으려 노력하는 사람들이 이에 속한다. 이들은 자신의 자유의지와 타인의 기대 사이에서 적절한 균형을 맞추려 노력하고, 부당하거나 비합리적이라고 생각할 때조차 들어주어야 할 기대가 무엇인지 고심한다.

이들은 자신의 독립적이고 창의적이며 합리적인 방식을 고수하는 것만큼 타인의 공동체적이고 조화를 도모하는 방식도 중요하게 생각한다. 또한 다른 가치와 기대를 고려해 결정을 내려야 하고 어느 한쪽은 희생될 수밖에 없다는 것을 알고 있기 때문에 모든 상황을 고심해 결정을 내린다.

이 세 가지 유형 가운데 당신은 스스로를 어떤 유형에 속한다고 말할 수 있는가? 무조건 들어주는 첫째 유형인가, 무조건 반항하는 둘째 유형인가, 아니면 조화로운 셋째 유형인가? 가장 바람직하고 조화로운 유형은 셋째 유형일 것이다. 타인의 기대에 따라 행동하지만 때로는 그 누구의 기대에 따르기보다 자신의 마음이 이끄는 대로 하는 것이다.

때로 우리는 지금의 선택과 행동이 타인의 기대에 따른 것인지, 나의 의지와 욕구에 따른 것인지 혼란스러워지기도 한다. 살다 보면 내 것과 내 것이 아닌 것을 구분하기 어려워지는 순간이 많기 때문이다.

실제로 상담을 받거나 심리학에 관련된 공부를 하거나 책을 읽고 자신의 선택을 진지하게 돌아볼 기회가 주어지면, 많은 사람들은 자신에게 중요한 영향을 미친 사람들의 기대를 다시 해석하게 된다. 자신의 선택이라고 믿었던 것이 많은 부분 타인의 기대에 따른 것이었다는 것을 새로 알게 되기도 한다. 또 어떤 사람은 타인을 신경 쓰지 않고 혼자만의 선택을 했다고 생각하지만, 사실은 타인의 기대를 누구보다 더 예민하게 인식하는 자신의 모습을 발견하기도 한다.

우리의 선택과 삶, 그리고 타인의 기대에 반응하는 양식은 한 번 굳어지면 쉽게 변하지 않고 정형화되기 쉽다. 또한 우리는 우리가 기대에 어떤 방식으로 대처하고 있는지 인식하지 못한 채 관성처럼 해오던 그대로 대응하는 경우가 많다. 그러니 우리가 기대에 어떤 방식으로 대응하고 그 기대가 어떤 패턴인지 스스로 아는 것은 무척 중요하다.

어떤 경우든지 내가 이 세계에서 타인과 공존할 수 있는 방식을 택하는 것이 중요하다. 타인의 기대를 꺾는 방식도, 타인의 기대에 부응하기만 하는 방식도 우리에게 도움이 되지 않기 때문이다.

스스로에게만큼은 너그러워져라

아틀라스들은 자기 자신에게도 높은 기준을 요구하며 스스로를 몰아붙이기 쉽다. 하지만 그럴수록 스스로 풀어주고 위로하거나 자신을 풀어주고 위로해줄 수 있는 사람과 함께 시간을 보내는 것이 필요하다. 자기 자신에게 너그러워지고 여유를 주어야 한다. 그래서 나만의 '자기위로(Self Soothing)'의 방법을 찾는 것이다.

사람마다 자신을 위로하는 가장 효과적인 방법은 차이가 있겠지만, 쉽게 쓸 수 있는 방법으로 다음의 두 가지를 들 수 있다.

첫째는 내적 언어(self-talk) 바꾸기다. 언어 속에는 엄청난 힘이 숨어있다. 말 한마디가 사람을 살리기도 하고, 말 한마디로 사람을 죽이기도 한다. 우리가 예전에 들었던 좋은 말은 여전히 우리 가슴 속에 숨쉬며 힘들 때마다 버팀목이 되어준다. 힘들 때 좋은 말을 가장 힘 있게 해줄 수 있는 사람도 바로 '나'다. 다른 사람이 아무리 좋은 말을 해줘도 내가 받아들이지 않으면 내 안에 들어오지 않기 때문이다.

'실수하지 마', '그거 가지고는 안 돼', '실망시켜선 안 돼'라고 말하며 나 자신을 닦달하지 말자. 기대를 만족시키지 못했다고 '나는 정말 별로인가 봐'라고 자신에게 말하지 말자. 그보다는 '실수해도 괜찮아', '그 정도면 됐어', '기대에 못 미쳐도 괜찮아', '난 소중한 사람이야'라며 스스로에게 힘 있게 말을 건네자. 사소한 행위 하나로 다른 누구에게도 받을 수 없었던 더 의미 있는 위로를 받게 될 것이다.

둘째, 나를 쉬게 하기다. 무엇이든 다 해내려고 하다 보면 호흡은 불규칙해지고 걸음은 빨라진다. 이런 나를 위해 순간순간 우리의 일상에 쉼표를 찍어주는 것이 필요하다. 그러니 빨리 걷다가도 경직되는 나를 발견한다면 그 자리에 멈춰 서서 크게 심호흡을 해주자. 그러면 내 몸의 감각을 다시 느끼며 마음속에 여유를 불어넣을 수 있게 된다.

일기를 쓰거나 음악을 듣거나 그림을 그리는 것처럼 일상에 쉼표가 될 수 있는 활동은 찾아보기만 하면 얼마든지 있다. 너무 바빠 쉴 여유가 없다지만 마음만 먹으면 일상에 쉼표를 세울 수 있는 공간이 생길 것이다. 이런저런 역할과 의무가 부과하는 기대로부터 숨통을 틀 수 있도록 말이다.

기대의 십자가, 그렇게 무겁지 않아도 된다

엄청난 기대의 짐을 어깨에 지고 있는 아틀라스들의 이야기가 어떻게 들리는가? 정말 이 지구는 아틀라스 혼자서 다 떠받치고 있어야 하는 것일까? 아니면 아틀라스 혼자서 그 기대를 다 떠받치겠다고 혹은 떠받들어야 한다고 생각하는 것인가?

혼자서 모든 것을 다 짊어지고 가겠다고 생각하면서도 자꾸만 힘들고 짜증이 난다면, 한 번쯤은 그 기대의 십자가를 내려놓고 무게를 재보자. 붙들고 있을 때에는 무겁게만 느껴지던 것이 한층 가벼워질 테니 말이다. 모든 기대를 혼자서 다 짊어질 필요는 없다.

스스로 끄집어내려고 노력하지 않는 한,
자기 안에 무엇이 있는지는 아무도 모른다.
_어니스트 헤밍웨이

chapter 3

모든 기대를
어떻게든 피하고 싶다
: 피터팬 증후군

성인으로서의 책임을 피하는
모라토리엄 인간

정수 씨는 혼자서 떠나는 여행을 좋아해서 틈만 나면 여행 사이트를 살펴본다. 그가 지금 하는 일도 여행 경비를 벌기 위해 시작했다고 할 정도다. 대학을 졸업한 지 삼 년밖에 안 되었지만 벌써 직장을 여섯 번이나 바꿨고, 직장을 그만둘 때마다 여행을 다녀왔다.

그는 한국을 떠나 외국에서 살고 싶다는 말을 입버릇처럼 하곤 한다. 한국에서 생활하는 것이 숨이 막힐 듯 괴롭고 힘들기 때문이다. 그런 정수 씨를 보며 부모님은 기가 막히다. 기껏 힘들게 대학 공부를 시켰더니 정착하지 않고 항상 어디론가 떠날 궁리를 하니 말이다.

수연 씨는 며칠째 전화기를 꺼놓고 있다. 일러스트 일을 하고 있는 그녀는 마감일을 넘긴 지 이미 1주일이 지났지만 아직 작업을 시작조차 하지 못했다. 오히려 다른 때보다 시간이 넉넉했음에도 놀기에만 바빴던 그녀는 마감기한이 다가오자 덜컥 겁이 났다. 그녀는 아직 시작도 못했다고 말하기가 너무 두려워 전화를 꺼놓고 있다.

그러다보니 그녀와 약속을 했거나 그녀가 어떤 역할을 해줄 것을 기대했던 사람들은 하나둘씩 그녀에 대한 신뢰감을 잃어갔다. 책임을 져야 할 때 결정적으로 회피하는 사람과 일을 하는 것은 힘들기 때문이다.

정수 씨와 수연 씨의 공통점은 무엇일까? 그들은 공통적으로 자신을 향한 기대에서 회피하고 싶어한다. 정수 씨는 직장을 다니면서 하루하루 해야 하는 일상의 기대가 숨 막힐 정도로 갑갑하다. 또한 수연 씨는 자신이 해야 할 일을 안 하고 책임을 미루면서도, 다른 사람의 기대에 부응하지 못해 좋지 않은 소리를 들을까봐 상황을 설명할 용기도 없다.

그들은 자신을 향한 다른 사람들의 기대가 부담스럽기만 하다. 여러 가지 다양한 기대 사이에서 갈팡질팡하며 마음을 정하는 것도 힘들다. 자신이 무엇을 원하는지 모르고 다른 사람들에게 기대기만 하고, 타인이 자신에게 기대하는 것은 회피한다. 몸은 다 자란 어른이지만 마음은 아직 덜 자란 어른아이다. 성인으로서의 책임과 의무를 지려 하지 않는 이들의 이름은 바로 '피터팬'이다.

이 시대의 어른아이,
피터팬 증후군

미국의 임상심리학자인 댄 카일리 박사(Dan Kiley)는 몸은 어른이지만 어른의 세계에 끼지 못하는 이른바 어른아이가 늘어나는 사회 현상을 반영해 '피터팬 증후군(Peter Pan Syndrome)'이라 이름 붙였다. 피터팬은 동화 속에 나오는 인물로 몸은 이미 다 컸지만 마음은 아이처럼 유약하고 덜 성숙했으며 순진하고 현실도피적인 캐릭터다.

웬디와 그녀의 동생들이 그랬듯이 피터팬과 함께 시간을 보내는 것은 재미있고 흥미진진한 일이 될지 모르지만 피터팬을 믿고 의지하는 것은 불가능하다. 그는 책임감이 없고 다른 사람들이 자신에게 거는 기대의 무게를 견뎌내지 못하고 피하며, 기대를 충족시켜야 한다는 생각을 결코 하지 않기 때문이다. 그는 오히려 웬디가 마치 자신의 엄마라도 되는 것처럼 계속 쫓아다니며 의존하고, 자신보다 한참 작은 요정인 팅커벨과 장난치는 것을 좋아한다.

카일리 박사는 1970년대 후반부터 여권의 신장과 경기 침체로 인해 상대적으로 남성들의 사회 정치적 힘이 약해지면서 여성들에게 의존적인 모습을 보이는 남성들이 증가하자 피터팬 신드롬을 이야기했다. 하지만 이제 우리는 이 개념을 성별에 상관없이 지나치게 타인에게 의존적인 사람들의 모습을 설명하기 위해 사용하고 있다.

최근에는 정부의 보호 정책 그늘에서 의존적인 모습을 보이며 무책임한 경영을 하고 있는 기업들을 피터팬 신드롬으로 설명하기도 한다. 어른이 되어서도 마음은 여전히 아이인 사람들처럼, 기업들 역시 자립하고 독립하는 성숙한 모습을 보이지 않는 것이다.

우리 주변에서도 쉽게 찾아볼 수 있는 이런 어른아이의 모습은 20세기 후반의 장기적인 경기 침체와 함께 전 세계적으로 나타났다. 우리나라에서는 IMF 외환위기 사태 이후 이미 어른이 되었음에도 경제적으로 부모님께 계속 의지하거나 유학이나 대학원 진학 등을 이유로 사회 진출을 차일피일 미루며 부모에게 등록금과 용돈을 받아 일을 하지 않고 함께 사는 자녀들을 일컫는 캥거루족이 있다.

가까운 일본에서는 정규직으로 취직하는 데 관심이 없고 여러 개의 아르바이트를 반복하면서 자유롭게 생활하는 사람들을 프리터(Free와 Arbeite의 합성어)라고 부르고 있고, 중국에서는 빈둥거리며 부모를 등쳐먹는다는 뜻을 가진 컨라오족이 있다. 캐나다와 영국에서는 이들을 각각 부메랑족(Boomerang kids), 키퍼스(Kippers)라고 부른다.

피터팬들의
심리적 결핍

다른 사람에게 의존적인 어른아이들을 부르는 용어들은 경기침체와 높은 실업률에 영향을 받은 경제적인 의미의 어른아이들을 가리키지만, 피터팬 신드롬은 이들의 심리적인 취약성에 집중하는 개념이라고 할 수 있다. 경제적인 상황에 이끌려 어쩔 수 없이 독립이 늦어지거나 못하게 된 것이 아니라, 책임지는 상황을 회피하고 싶은 마음이 더 커서 어른아이에 머물게 될 때 우리는 이들을 피터팬이라고 부르는 것이다. 그렇다면 이들은 어른이 되기에 무엇이 부족한가?

독립성 부족 – 혼자서는 할 수 없다

어른의 세계에 진입하지 못하는 피터팬들은 다른 사람들에게 크게 의존한다. 피터팬은 웬디가 마치 엄마라도 되는 것처럼 의존했는데 현실 속 피터팬들도 가족이나 친구들에게 의존을 한다.

그러면서 다른 사람이 자신에게 무언가를 기대하거나 의존하는 상황은 견디지 못하고, 자신의 행동에 스스로 책임을 지고 잘못을 수용하거나 시정하려고 하지 않는다. 또한 자신이 책임을 지고 기대에 부응해야 하는 상황에서는 다른 사람을 탓하거나 책임을 회피하는 모습도 보인다.

상위인지 부족 — 말만 앞세운다

피터팬의 또 다른 특징은 호언장담이다. 할 수 없는 것조차 할 수 있다며 큰 소리를 탕탕 치는 것이다. 이들의 계획은 현실보다 이상에 바탕을 두고 있기에 언제나 야심차지만 실제로 이루어지는 일은 거의 없다. 그런데도 이들은 이룰 수 없거나 이루기 힘든 과제조차 할 수 있다고 약속하며 다른 사람의 기대 수준을 높인다. 실행이 불가능한 말뿐이라도 타인의 관심과 인정을 받고 싶기 때문이다.

이것은 '상위인지(Meta Cognition)'의 결핍과 관련이 있다. 상위인지는 자기 자신의 생각에 대한 생각으로, 내가 지금 하는 생각이 어떤 모습인가를 객관적으로 평가할 수 있는 능력을 말한다. 상위 인지 능력을 갖춘 사람들은 자신이 결국 약속을 지키지 못해 다른 사람에게 실망감을 안겨주고 낭패를 경험한 적이 있었다는 것을 기억하며 호언장담을 하기 이전에 자신의 범위를 조정한다. 그들은 '그때도 그런 생각을 했다가 낭패를 봤었지' 하며, 더 현실적인 방식으로 자신이 할 수 있는 범위를 상정할 수 있는 것이다. 하지만 피터팬들은 과거의 실패에서 충분히 배우지 못하고 계속해 호언장담을 한다. 자신의 생각에 대한 생각을 해봄으로써 자신의 범위를 가늠할 수 있게 해주는 상위인지는 진정한 어른과 어른아이를 나누는 중요한 차이 중 하나다.

실행력 부족 – 시도조차 안 한다

이상이 높으며 과도하게 의존하고 더불어 실행력이 부족하다는 것도 어른아이들의 특징이다. 이들은 이상은 높지만 책임 있게 실행하지 않기에 현실과 자주 불협화음을 일으킨다. 그렇기 때문에 피터팬들은 다른 사람들보다 더 쉽게 환상의 세계에 몰두한다. 삭막하고 차가운 현실보다는 환상이 자신에게 더 안전하고 편안한 느낌을 주기 때문이다.

앞서 정수 씨는 자신의 페이스에 맞춰서만 모든 것이 이루어지고 언제나 자신이 상황을 통제하기를 원했던 것이다. 또한 상황을 자신에게 유리하도록 만드는 노력을 하기보다는 불평불만에 휩싸여 조금만 갑갑해져도 회사를 그만두었다. 할 일은 하지 않으면서 회피하기만 하는 수정 씨도 마찬가지다. 원하는 상황에 도달하기 위해서는 힘들고 귀찮을 때에도 주어진 일을 계속해나가야 하지만, 이들은 모두 중간에 포기해버리거나 애초부터 시도를 하지 않았다. 실행력이 부족한 것이다.

방어기제 남용 – 변명하기에 바쁘다

'방어기제(Defense Mechanism)'란 결핍이 있는 취약한 자신을 보호하기 위해 사용하는 심리적 방패를 나타낸다. 피터팬들이 남용하는 대표적인 방어기제는 다음 표와 같다.

방어기제	주요 특징	구체적 모습
부정 (denial)	유쾌하지 않거나 보고 싶지 않은 현실을 거부하거나 무시한다.	고시 준비생인 현성 씨는 자신이 어려운 시험을 준비할만한 능력이 부족하며 다른 사람들만큼 열심히 노력하지도 않고 있다는 사실을 인정하지 않는다.
퇴행 (regression)	스트레스나 불안을 경험할 때 발달 이전의 단계로 돌아간다.	궁지에 몰렸다는 생각이 들 때마다 혜진 씨는 아이처럼 울어버린다.
합리화 (rationalization)	쉽게 받아들이기 힘든 생각이나 감정을 자기만의 논리로 정당화한다.	시험을 앞두고 3시간째 인터넷을 하고 있는 환희 씨는 인터넷 서핑이 정보를 축적하는 데에 도움이 될 것이라고 합리화한다.
동일시 (identification)	성공적으로 보이는 사람의 특징을 취한다.	우영 씨는 틈만 나면 자신이 유명한 사람과 같은 학교 출신이라는 점을 강조한다.
백일몽 (fantasy)	자신의 엄청난 성취를 상상함으로써 좌절된 욕구를 충족한다.	연호 씨는 현실적인 노력은 제대로 하지 않으면서 책상에 앉아 자신이 훌륭한 사람이 되어 많은 사람들의 찬사를 듣는 모습을 상상하는 데 많은 시간을 보낸다.
대치 (displacement)	부정적인 감정을 일으키게 하는 대상이 아닌 다른 대상에게 화풀이한다.	이번에 올린 보고서가 잘못되어 상사에게 혼이 난 지현 씨는 괜스레 옆에 있는 동료에게 짜증을 낸다.

결단력 부족 – 결정을 미룬다

어른아이들은 자신의 삶을 스스로 선택하기보다 누군가가 설정한 방식을 따라 선택한다. 선택이 힘들어 차일피일 미루기도 한다. 자신의 선택을 책임질 수 있는 힘이 부족하기 때문이다. 그러면서도 이들은 끊임없이 자신의 상황에 대해 불평한다.

정수 씨는 회사나 한국의 상황이 자신을 틀에 가둔다고 말하고, 수정 씨는 못했다는 말을 하지 못하게 압박해오는 상대방을 탓한다. 스스로 결정하지도, 부딪치지도, 해결하지도 않으면서 자신에게 선택권이 없다고 말하는 것이다. 하지만 모든 선택의 장애물은 그들 밖에 있는 것이 아니라 그들 안에 있다. 그들이 선택할 수 있는 범위는 분명히 있는데 스스로 결정하지 않은 것이다. 결단력이 부족한 것 역시 전형적인 어른아이들의 특징이다.

피터팬 증후군이
나타나는 이유

카일리 박사는 피터팬들이 각 발달 단계마다 나타내는 특징을 정리했다. 그가 제시한 특징이 86쪽의 표에 제시되어 있다. 이를 보면 각 발달 시기마다 성숙을 위해 필요한 힘을 기르지 못하고 언제나 타인에게 의존적이고 책임을 떠넘기려는 특성을 보이는 것이 피터팬들이 가진 가장 중요한 특성임을 알 수 있다. 그렇다면 이런 피터팬 증후군은 왜 나타나는 것일까?

카일리 박사는 피터팬 증후군이 출현한 사회적 배경으로 가정의 불안정, 학교교육 및 가정교육의 기능 저하와 미국의 페미니즘 정착에 따른 여성, 특히 주부들의 자립을 꼽았다. 하지만 그런 사회적 배경 속에서 개인이 느끼는 자신에 대한 기대의 관점에서

연령	주요 특징	구체적 모습
전사춘기 (초등학생)	무책임	언제까지나 어린이로 머물고 싶기 때문에 할 수 있는 일도 못하겠다고 떼를 쓴다.
전사춘기 (중학생)	불안	겉으로는 잘 지내고 있는 것 같지만 마음속으로 불안이 크다.
중사춘기 (고등학생)	고독	혼자 남겨지고 집단에서 따돌림 받는 것을 두려워하고, 유행에 민감한 모습을 보인다.
사춘기후기 (대학생)	성역할 갈등	남성성에 구애받으면서도 여성의 따뜻한 모성을 갈구한다.
청년기 (대학생)	나르시시즘	필요 이상으로 완벽을 추구하고, 이상과 현실 사이의 괴리가 크기 때문에 자기만의 세계로 도망친다.
청년후기 (대학생~사회인)	남존여비 지향	겉으로는 양성평등에 지지를 보내지만 여성들이 더 많은 책임을 떠안아주기를 원한다.
장년기 (사회인)	사회적 불능성	일상에 활력이 없고 무기력한 모습을 보이고, 자기 자신에게도 싫증이 난다.

자료 : 네이버 지식백과 '피터팬 증후군'을 참조함.

도 피터팬 신드롬을 볼 수 있다.

경기침체와 함께 변화의 속도가 빨라지고 무한 경쟁 시대에 돌입하면서 개인에게 기대되는 것은 더 많아졌다. 더구나 피터팬들은 부모 세대보다 물질적 혜택을 받고 자라났고, 그 누구보다 많은 기대를 받았지만 잘 풀어나갈 내면적 힘은 기르지 못했다.

즉 마음은 약한데 갑자기 많은 것을 해내려는 기대를 받으니 모든 것을 회피하고 싶은 것이다. 이런 모습은 아주 어린 시절 부모와의 관계 속에서 형성되기 시작했을 가능성이 크다.

과잉 충족이거나 과잉 결핍이거나

정신분석학자 프로이트(Sigmund Freud)는 우리가 성장과정에서 어느 한 시기에 발달적으로 정지해 있는 상황을 '고착(Fixation)'이라고 불렀다. 그는 고착이 일어나는 이유로 원하는 것을 너무 쉽게 얻어 과잉 충족되거나 그 반대로 원하는 것을 결코 얻지 못해 일어나는 과잉 결핍의 상황이 우리를 더 성장시키지 못하고 한 지점에 계속 머물러 있게 만든다고 보았다.

어른이 되지 못하고 언제나 아이처럼 행동하는 피터팬들이 나타난 이유는 이런 고착의 관점에서도 살펴볼 수 있다. 원하는 대로 쉽게 해주는 부모나 원하는 것은 전혀 해주지 않는 부모는 모두 자녀들을 건강하고 독립적인 방식으로 이끌어주지 못하는 것이다.

적절하지 않은 환경 속 좌절

대상관계 심리학자 도날드 위니컷(Donald Winnicott)은 우리가 태어나 가장 처음 관계를 맺는 사람인 동시에 무럭무럭 자랄 수 있는 환경을 제공해주는 양육자와의 건강한 상호작용을 강조했다. 그러면서 완벽하지 않아도 적절한 충족과 통제, 자극과 좌절을 주는 환경이 되는 '충분히 좋은 엄마(Good enough mother)'라는 개념을 제시했다.

그런 '충분히 좋은' 부모 밑에서 자라는 우리는 원하는 것을 다

즉각적으로 가질 수는 없고 원하는 것을 얻기 위해서는 어느 정도의 좌절감을 맛볼 수밖에 없다는 현실을 수용하게 된다. 그리고 그 현실 내에서 자신이 할 수 있는 한 최선을 다하는 어른이 될 수 있다.

그런데 스스로가 완벽해야 한다는 강박관념에 사로잡히거나 자녀들이 완벽하기를 기대하는 부모 밑에서 자란 아이들은 불완전한 현실을 쉽게 수용하지 못하고 이런저런 스트레스에 취약해지기 쉽다. 또한 반대로 방치하고 보호해주지 않아 아주 어린 시절부터 환경 속 좌절을 크게 느끼게 된 아이들 역시 스트레스에 취약하다. 이는 자신을 둘러싼 환경 속에서 어느 정도 좌절을 느끼면서 자라야 어른아이가 아닌 진정한 어른으로 자라나기 쉽다는 것을 말해준다.

부적절한 양육 유형

매코비(Maccoby)와 마틴(Martin)은 부모와 자녀 간 상호작용에서 애정과 통제를 중요한 축으로 삼고 이 두 축이 어떻게 나타나는가에 따라 부모의 양육 형태를 네 가지로 나눌 수 있다고 보았다. 애정이 있으면서 통제를 엄격하게 적용하는 민주형, 애정을 보이지 않으면서 통제를 엄격하게 적용하는 전제형, 통제를 하지 않으면서 애정만 보여 부모의 권위가 없는 익애형, 통제도 하지 않고 애정도 보이지 않은 방임형이 바로 그것이다.

부모유형과 아동 행동

이후에 바움린드(Diana Baumrind)라는 학자는 부모의 양육 유형에 따른 아동의 특성을 관찰하고 이 아동들이 자라서 성인이 된 모습까지 지속적으로 관찰한 끝에 '부모 양육과 아동 행동'이라는 결과를 내놓았다. 그 결과는 아래 표에 제시되어 있다.

이는 부모 유형과 아동의 행동을 연결 지음으로써 어떤 방식의

부모 유형	아동 행동
허용적-익애적 부모 규율을 명시하거나 부과하지 않는다. 아동의 울음, 고집 등에 굴복하며 일관성 없는 훈육을 행한다. 독립적이며 성숙한 행동에 대한 요구나 기대가 적고 아동의 나쁜 행동을 무시 또는 수용한다. 참기 어려움, 분노, 짜증을 숨기며 욕구의 자유스런 표현의 중요성을 강조한다.	**충동적이며 공격적인 아동** 어른에게 저항하고 불복종하며 자기신뢰성이 낮다. 성취지향성과 자기통제력이 낮고 공격적이며 쉽게 화를 낸다. 하지만 유쾌한 기분으로 회복도 빠르다. 충동적이며 목적이 없거나 목표지향적 활동이 적다. 지배적이다.
권위주의적 부모 규율을 맹목적으로 강요하며 나쁜 행동을 하면 즉각 지적하고 처벌한다. 분노와 불쾌감으로 표시하며 규율을 명확하게 설명하지 않는다. 반대에 직면해도 규율을 끝까지 강요한다. 심한 처벌과 훈육을 가하며 아동과 함께 하는 문화적 활동이 없다. 교육적 요구나 규준이 없다.	**갈등이 있으며 초조한 아동** 공포와 두려움이 많으며 우울하고 불행해한다. 쉽게 초조해지며 직접 표출하지는 않으나 적의적이고 배타적이다. 스트레스를 쉽게 받고 공격적인 행동과 무뚝뚝하고 무관심한 행동이 교차한다. 목적이 없다.
권위 있는 부모 엄격하게 규율을 이행하며 아동의 고집에 굴복하지 않는다. 아동의 욕구를 고려하며 의견을 듣고 조정해서 대안을 제시한다. 애정적이며 반응적이고 아동의 연령에 적합한 성숙하고 독립적인 행동을 기를 수 있다. 아동과 함께 문화적 활동을 계획한다.	**활기 있고 다정한 아동** 자기신뢰적이고 자기통제적이다. 활동수준이 높고 쾌활하며 또래 친구와 잘 사귄다. 스트레스에 잘 대처하고 새로운 상황에 흥미와 호기심이 높다. 성인에게 협조적, 목적적, 성취지향적이다.

자료 : 송명자(2008), 『발달심리학』

양육이 아동에게 적절한가에 대한 지침을 준다. 이를 살펴보면 우리는 충동적이고 공격적이거나 갈등이 있고 초조한 아동이 피터팬이 되리라는 것을 쉽게 짐작할 수 있다. 그만큼 아주 어린 시절부터 자녀를 어떤 방식으로 키우고 어떤 상호작용을 하는가가 중요하다는 것이다.

피터팬 증후군에서
벗어나기 위해

세계적인 경기 침체와 부적절한 양육 방식은 어른이 되어서도 어른으로의 역할을 하는 것을 버거워 하는 사람들을 만들었다. 독립적이고 주체적인 방식으로 자신의 삶을 이끌어나갈 힘을 잃어버리고, 모든 기대를 무조건 회피하고 싶어 하는 어른아이의 문제는 심각한 사회문제로 발전할 수 있다. 게다가 우리는 힘들 때마다 모든 것을 피하고 싶어 하는 우리 사회 안의 피터팬들을 발견하게 되기도 한다. 겉모습만 어른인 이들을 진정한 어른으로 키워줄 필요가 있는 것이다. 그렇다면 우리는 어른아이를 어떻게 키워나가야 할까?

변화와 성숙의 가장 중요한 첫걸음은 인식에서 시작한다. 자신이 어떤 방식으로 기대에 반응하고 있는가를 스스로 알아차릴 수 있어야 더 나은 변화와 성숙을 불러올 수 있다는 것이다.

앞서 우리는 기대에 회피적인 모습을 보이는 정수 씨와 수정 씨의 모습에서 어른아이에게 부족한 네 가지에 대해 알아보았다. 그 가운데 어떤 부분에서 스스로가 부족하다고 느끼는가? 그 결핍은 어디에서 비롯되는가?

이러한 결핍의 진원지를 살피기 위해 어린 시절 부모와 나의 상호작용이 어떠했는가를 돌아보고, 특히 애정과 통제의 차원에서 부모의 모습이 나에게 어떻게 다가오는지를 잘 살펴봐야 한다. 부모와의 상호작용은 우리가 세상과 맺는 첫 틀이자, 우리의 성격 구성의 기초가 되는 관계 경험이라는 점에서 매우 중요하게 고려할 필요가 있다. 우리는 유전적으로 부모를 닮았을 뿐만 아니라, 바로 부모가 우리가 자랄 수 있는 초기 환경을 만들어주었기 때문이다.

부모라면 자신의 결핍이 자녀들에게 대물림되는 경우가 많다는 사실을 기억하자. 양육 태도에 문제가 나타나고 어려움을 보이는 부모들은 대개 그들 자신의 부모와의 관계에서 적절한 애정과 통제를 경험하지 못했을 가능성이 크다.

나에게 중요한 사람과의 관계를 변화시키고 싶다면 일단은 나를 변화시키는 것이 반드시 필요하고, 또 나를 변화시키기 위해서는 나를 이해하는 것이 반드시 필요하다. 그러니 나 자신을 돌아보고 내 모습을 더 명확히 인식함으로써 변화와 성숙을 위한 첫 발을 내딛자.

두렵더라도 회피하지 말고 계속해나가라

대부분의 피터팬들은 겉으로는 무책임해 보이고, 어떠한 시도도 하지 않고 무기력해 보인다. 하지만 그들의 속마음을 들여다보면 대개 기대를 예민하고 버겁게 인식하는 경우가 많다.

기대에 예민하다보면 우리는 두려움과 불안을 느끼기 쉽다. '잘할 수 있을까?', '못하면 어떡하지?' 등의 생각 때문에 현실에서 어떤 시도도 하지 못하고 환상의 세계로 도피하게 되고 그런 생각은 우리를 두렵게 한다. 두려움은 우리를 얼어붙게 만들고, 새로운 시도를 하고자 하는 우리의 발목을 붙잡는다.

찬찬히 생각해보라. 두려움 때문에 시작도 하기 전에 도망치고, 불안 때문에 할 수 있었던 것조차 그르친 적이 얼마나 많았던지를 말이다. 피터팬들의 모습도 이와 같다. 그들은 객관적인 상황이 아닌 기대에 압도당해 바라본 세상의 모습 때문에 두려움에 사로잡혀 결국 아무것도 하지 못하고 있다.

이에 대해 인지행동치료의 대가인 앨버트 앨리스(Albert Ellis)는 그리스 철학자의 말을 인용해 "인간은 상황 때문에 고통받는 것이 아니라 상황에 대한 관점 때문에 고통받는다"라고 말한다. 앨리스는 우리가 객관적인 근거가 희박하거나 현실적으로 가능성이 적은데도 최악의 상황을 생각하며 두려워하고 불안해하는 경우가 많다고 생각했다. 그래서 그는 우리가 더 당당하고 건강하게 살아가기 위해 자신의 관점을 객관적이고 합리적으로 바라보고 그에 따라 행동할 것을 촉구했다.

자신을 두렵게 하거나 불안하게 하는 기대가 있다면, 지금 당장 그 두려움과 불안이 얼마나 합리적인 관점에 기초하고 있는지 살펴보자. 모호하고 비합리적인 이유 때문에 기대에 눌리고 있다면 일단은 쉽고 작은 행동부터 시작하자. 두려움과 불안에 사로잡히기 시작하면 타인의 기대는 더 크게 느껴지고, 자신감은 줄어들게 된다. 일단 시작하고 나면 생각만큼 어려운 일은 많지 않을 것이다. 그러니 일단 시작하자.

결코 아름답지 않은
현실 속의 피터팬들

2장에서 우리는 책임감으로 똘똘 뭉쳐 타인의 기대를 예민하게 인식하고 완벽만을 지향해 재미없는 삶을 사는 아틀라스들의 모습을 살펴보았다. 반면 이번 3장에서 살펴본 피터팬들의 모습은 그와 정반대다. 우리 사회에서는 과도한 책임감을 느끼며 모든 기대를 혼자 다 떠안고 고군분투하는 아틀라스들이 늘어가는 한편, 무책임하고 심약한 동화 속 캐릭터인 피터팬을 연상시키는 사람들도 늘어가는 것이다.

모든 기대를 다 짊어지고 가려는 마음 때문에 나타나는 아틀라스와 어떤 기대도 들어주지 않고 회피하는 피터팬은 정반대의 모습을 가졌지만 이들의 뿌리는 어떤 면에서는 같다고 할 수 있다. 두 증후군은 모두 기대에 대한 극단적인 스트레스 반응이라는 점에서 공통적이다. 자신을 향한 기대를 적절히 조절하고 협상하기 힘들기 때문에 나타나는 모습인 것이다.

동화 속 피터팬들은 아이들의 영웅이다. 초록색 의상에 발랄하고 재미있으며, 신나는 삶을 사는 유형이다. 짜릿한 모험을 좋아하고, 하기 싫은 것은 할 필요가 없다고 말하며, 영원히 늙지 않는다. 어른들은 결코 접근할 수 없는 네버랜드에 살지만 네버랜드는 그저 환상 속에만 존재할 뿐 현실 속에 사는 우리가 결코 접근할 수 있는 곳은 아니다. 동화 속에서 그 모습은 충분히 흥미롭고 재미있다. 하지만 다 큰 어른이 나이가 들어도 결코 철들 생각이 없고, 항상 다른 사람에게 책임을 떠넘기거나 의존적인 현실 속 피터팬은 결코 아름답지 않다.

내 안의 어른아이를 키워 현실적 과제에 적절히 대응해나가는 성숙한 어른이 되자. 어른은 어른답게 행동해야 아름답다.

KEEP CALM
AND
CARRY ON

타인의 지혜로는 멀리 갈 수 없다.
_리투아니아 속담

chapter *4*

기대 때문에
억지로 뭔가를 한다
: 보상의 숨겨진 대가

그는 왜
집중할 수 없을까?

현수 씨는 오늘도 책상 앞에 앉아 한숨을 쉰다. 아침에 어렵게 일어나 도서관까지 오긴 했지만 책을 펼쳐도 집중이 잘 안 된다. 대학교에 오기 전까지만 해도 그는 공부를 잘했다. 하지만 수능에서 기대한 만큼 좋은 성과를 내지 못한 뒤 재수를 하는 동안 공부가 싫고 지겨워졌다.

사실 공부가 싫은 건 재수할 때 처음 느낀 것은 아니었다. 맞벌이를 하시는 부모님은 그가 자라는 동안 이런저런 학원에 많이 보냈고, 그는 학원을 전전하는 것을 당연하게 느끼며 학창 시절을 보냈다. 학원에 가고 싶지 않을 때도 있었지만 부모님을 실망시키거나 혼나기 싫었기 때문에 꾹 참고 다녔다.

재수 끝에 서울로 올라와 대학생활을 하면서 난생 처음 부모님의 간섭에서 멀어져 혼자 생활하기 시작하자 그는 갑작스런 자유를 어떻게 써야 할지 몰랐다. 첫 학기 내내 불규칙한 생활을 하고, 수업은 물론 시험에도 출석하지 않았다. 결국 성적이 기준치에서 모자라 학사경고까지 받고 정신이 번쩍 든 그는 2학기부터 열심히 해보리라 마음을 먹었지만 생각만큼 쉽지 않다. 책만 펴면 기운이 없고 내용이 머리에 전혀 들어오지 않아 집중이 안 된다. 공부를 잘하던 현수 씨는 왜 혼자서 공부를 할 수 없게 된 걸까?

저마다 다른
내적 동기

같은 일이 주어지더라도 사람들은 저마다 다른 반응을 한다. 어떤 사람은 그림을 그리라는 주문에 곤혹스러운 표정을 짓지만, 어떤 사람은 진지하고 즐겁게 그림을 그린다. 또 어떤 사람은 공부를 하는 것이 자신에게 어울린다고 생각하지만, 어떤 사람은 사람들을 만나거나 손으로 무언가를 만드는 일을 더 좋아한다.

이처럼 사람마다 쉽게 동기화되는 부분과 잘할 수 있는 각자의 영역이 다르다. 그런데 우리는 때로 한 사람이 쉽게 동기화될 수 있는 재능을 알아보고 키울 수 있도록 도와주기보다는 하나의 길을 강요한다. 그 사람 본래의 내적 동기를 해치는 것이다.

'내적 동기(Intrinsic Motivation)'란 내면에서 우러나오는 무엇인가를 하고자 하는 의욕과 의지의 마음이라고 할 수 있다. 내적 동기는 자동차로 치면 자동차를 굴러가도록 하는 엔진이라고 할 수 있고, 우리 몸으로 치면 온몸 구석구석 피가 돌도록 펌프질을 해주는 심장이라고 할 수 있다.

엔진이 고장 나면 자동차가 쉽게 굴러가지 못하고 심장을 다치면 몸을 잘 움직이지 못하는 것처럼, 우리의 내적 동기가 손상되면 마음은 한 곳으로 모이지 못하고 어떤 일을 하려고 해도 의욕이 생기지 않는다. 집중을 할 수 없고 행동이 산만해지지만 도대체 왜 이렇게 의욕이 안 생기는지 알 수 없는 것이다.

공부를 해야 한다고 생각은 하지만 하지 못하는 현수 씨의 마음이 바로 그러하다. 현수 씨는 지금 중간고사 시험을 앞두고 도서관에 가서도 책에 집중할 수 없다. 부모님은 그의 약한 의지와 집중력을 탓하지만 문제는 다른 곳에 있다.

문제는 현수 씨가 어린 시절에 왜 공부를 해야 하는지 모른 채 기계처럼 부모님이 정해준 학원에 다닐 때부터 시작되었다. 그의 내적 동기를 손상시키는 다른 사람들의 기대가 모든 문제의 발단이었다.

타인이 이미 설계한 삶에서 벗어나기, 자기결정성

동기이론가인 에드워드 데시(Edward Deci)와 리처드 라이언(Richard Ryan) 박사는 '자기결정성 이론(Self Determination Theory)'으로 내적 동기의 중요성을 강조했다. 자기결정성이란 말 그대로 스스로 결정하고 밀고나가는 주체성을 의미한다. 그들은 방대한 실험과 연구를 통해 자기결정성이 개인의 행복과 건강, 성취에 미치는 영향을 밝혔다.

꼭 자기결정성 이론이 아니더라도 우리는 개인의 주체성을 중시하고 그것을 키우는 것이 얼마나 중요한지 잘 알고 있다. 어떤 면에서 우리의 탄생과 성장과정은 개인의 주체성을 점점 더 탄탄하게 만들어가는 것이나 다름없다.

막 태어났을 때 우리는 무엇이든 스스로 할 수 없고, 행동방향은 물론 생존조차 부모님을 비롯한 주변 사람들에게 전적으로 의존한다. 그러기에 주변 사람들의 반응과 기대에 따라 행동하는 것이 우리에게 무척이나 중요했다.

시간이 흐름에 따라 우리는 점점 우리 안의 힘을 키워왔고, 다른 사람이 우리에게 기대하고 요구하는 것이 아닌 스스로가 원하는 것을 찾기 시작했다. 우리 안의 내적 동기를 발견하고 발달시켜 온 것이다.

이때 주체적으로 결정을 내릴 수 있도록 각자의 다른 내적 동기를 존중해주는 환경의 역할은 매우 중요하다. 그래야 지치고 힘들어도 원하는 것을 해내기 위해 밀고 나갈 자기 안의 힘을 키워나가고, 다른 사람의 도움 없이도 스스로 무엇인가를 해볼 수 있는 용기를 기를 수 있기 때문이다.

현수 씨의 어린 시절을 살펴보면 내적 동기를 찾고 기르는 기회를 가져본 적이 별로 없는 것 같다. 오히려 그의 삶은 부모의 기대에 맞춰 펼쳐진 것이나 다름없었다. 다른 사람들보다 성취에 대해 큰 열망이 있었던 그의 부모는 오랫동안 기다리던 아들이 태어나자 자신들이 삶에서 이룬 것은 물론이고 못 이룬 것까지 현수 씨가 이루기를 기대했다.

그들은 어린 시절부터 쉴 새 없이 돌아가는 학원 스케줄에 맞춰 현수 씨를 배치시켰고, 학업적 성취를 위해 경제적인 지원을 아끼지 않았다. 그래서 현수 씨는 스스로 결정을 하거나 자신의 시간을 어떻게 써야 할지 고민할 필요가 없었고, 그저 부모의 기대에 맞춰 묵묵히 학원을 전전했다. 그가 힘들어 할 때마다 그의 부모는 언제나 "다 너를 위해", "대학에만 가면"이라는 말로 설득했다. 그 역시 마음속에 '대학에만 가면'이라는 마지노선이 생기게 되었다.

마침내 대학에 입학한 현수 씨는 이제 자신이 진정으로 하고 싶은 일을 할 수 있는 기회가 생겼지만, 더 힘들어지기 시작했다.

왜냐하면 지금까지 스스로 하고 싶다는 내적 동기가 아닌 부모의 기대에 따른 보상과 처벌의 외적 동기에 맞춰 공부를 해왔기 때문이다. 자신의 삶을 스스로 개척하고 결정해나가는 자기결정성을 기를 기회가 없었던 것이다.

다른 사람이 하라고 하는 것만 하는 희철 씨

희철 씨의 모습도 현수 씨와 비슷하다. 직장 3년 차 희철 씨는 매일 지각을 한다. 명문대를 졸업한 수재였지만 모든 일에 냉소적이고 열정이 없다. 그는 자주 무표정한 얼굴로 "그냥 하는 거지 뭐"라는 말로 자신의 일을 설명했다. 그의 말처럼 지금까지 해온 일은 모두 '그냥 하는 일'이었다.

남들이 부러워하는 좋은 회사에 다니지만 아침마다 눈을 뜨면 회사에 가야 한다는 생각에 괴롭기만 하다. 회사에 가서도 어떻게든 일을 맡지 않기 위해 피해 다니기 바쁘다. 어떤 일이든 적당히 처리하고 넘어간다. 열정 넘치는 사람들을 보면 딱하다는 생각을 하기도 한다. 왜 저리 열심히 하는지 모르기 때문이다.

희철 씨는 지금까지 학교를 졸업하고 회사를 다니고 사람들을 만날 때에도 자신이 원해서라기보다 그냥 '하라고 하니까 하는 것'이라는 마음이 컸다. 언제나 공부를 잘했고, 노력을 하면 얼마든지 유능할 수 있었지만 정작 그 자신은 삶에 대한 열정과 생동감을 느끼기 어려웠다. 오히려 열정과 생동감을 지닌 사람들의 모습이 그에게는 이상하게 느껴지기도 했다.

어린 시절부터 부모님이나 선생님, 그리고 사회라는 외부의 기대에 맞춰 움직여왔던 그는 내적 동기보다 외적 동기에 마음의 주파수를 맞춰 살아왔다. 공부도 해야 한다고 하니 했고, 인맥을 쌓을 필요가 있다고 하니 친구를 만났고, 취직도 대기업이 좋다고 하니 그렇게 했다. 그렇기 때문에 지금 그는 아침에 일어나 회사에 가서 하루를 시작하는 것이 재미가 없고 귀찮다. 일상의 많은 일들이 억지로 굴러가는 것 같다는 생각이 든 것이다.

이처럼 희철 씨가 하는 모든 일에는 내적 동기가 전혀 담겨 있지 않다. 그의 마음에는 그저 하라고 하니까 하고 해야 하니까 하는 외적 동기의 엔진이 달린 셈이다.

외부에서 무언가를 끌어다 하는 일에는 금방 한계가 나타나기 마련이다. 이런 일이 반복되다 보면 결국 모든 것이 귀찮고 하기 싫어질지도 모른다. 그럴 때마다 우리는 어떤 일에도 집중할 수 없고 끝없는 나락으로 떨어지는 것처럼 괴로워진다.

다양한
동기의 종류

동기에 대해 이야기할 때 우리는 흔히 단순히 '동기가 있다', '동기가 없다'고 말하지만 동기 이론에서 제시하는 동기는 다양한 연속선상에 나타나는 복잡한 개념이다.

어떤 행위 밑에 깔린 마음에는 단 하나로 규정하기 어려운 다양한 동기들이 섞여 있다. 우리가 아침에 일어나 매일 하는 일에 대해 생각해보자. 그 가운데 어떤 일은 내적 동기가 이끌어가고 있고 또 어떤 일이 외적 동기가 이끌어가고 있는가? 우리가 하는 대부분의 일 속에는 어느 정도의 내적 동기와 어느 정도의 외적 동기가 뒤섞이게 된다.

이 글을 쓰는 나의 동기도 마찬가지다. 생각하고 느끼는 것을 표현하고 싶은 내적 동기는 물론, 글에 대한 타인의 기대와 외적 보상을 의식한 외적 동기도 이 글을 쓰는 것에 영향을 미친다. 우리가 하는 대부분의 일은 내적 동기와 외적 동기를 확실히 분류하기 어려울 정도로 복잡한 동기들의 합동 작전으로 진행된다.

이처럼 다양하고 복잡다단한 동기의 입장에서 우리의 일상을 다음 표로 살펴보자. 데시와 라이언이 자기결정성 이론을 내놓으면서 제시한 표다.

자기결정성 이론에 따르면 동기는 크게 세 가지 종류가 있다.

자기결정성과 동기의 종류를 결정하기 위해 그들은 다음과 같은 세 가지 질문을 중요하게 생각했다.

첫째는 개인의 행동이 어떤 방식으로 조절되는가(조절 양식), 둘째는 자신의 행동이 어떤 원인 때문에 나타나는가(지각된 원인 소재), 마지막으로는 그 과정에서 자신에게 의미하는 바가 무엇인가(관련된 조절 과정)이다. 이에 따라 동기는 '무동기, 외적 동기, 내적 동기'로 나눌 수 있고 내적 동기가 가장 자기결정적이다. 즉 그저 '하고 싶어서 하는 일' 속에 우리의 가장 순수한 내적 동기와 자기결정성이 담겨 있다.

행동	비 자기결정적	〈 = 〉				자기결정적
동기	무동기	외적 동기				내적 동기
조절 양식	무조절	외적 조절	내사 조절	동일시 조절	통합 조절	내적 조절
지각된 원인 소재	개인과 관계없는	외적	어느 정도 외적	어느 정도 내적	내적	내적
관련된 조절 과정	무의도, 무가치, 무능력, 통제 결여	순종, 외적 보상, 처벌	자기 통제, 자아 관여, 내적 보상, 처벌	개인적 중요성, 의식적 가치 부여	조화, 자각, 자아와의 통합	흥미, 기쁨, 내적 만족
왜 하나고 묻는다면	해야 할 이유를 모르겠다	하라고 하니까 하는 거지	해야 한다고 생각하니까	중요하다고 생각하니까	나에게 중요하니까	하고 싶으니까

비자기결정적 vs. 자기결정적 행동

먼저 표에서 가장 오른쪽에 있는 내적 동기를 보자. 내적으로 동기화될 때 우리는 자신의 일에 대한 통제감과 자율성을 느끼고, 그 일을 흥미롭고 만족스럽게 하게 된다. 일을 하면서 기쁨을 느끼는 사람들은 바로 이런 내적 동기가 충만한 사람들인 셈이다.

그와 반대로 표에서 가장 왼쪽에 있는 무동기는 어떤 것을 할 의욕과 의지를 보이지 않는 무기력하고 절망에 찬 상태를 의미한다. 무동기 상태일 때 우리는 우리의 행동이 자신과 관계없이 나타나고, 자신이 하는 일의 가치와 의도를 발견할 수 없으며, 스스로가 무능하다고 느끼게 된다. 이때 우리는 모든 일에 의욕과 흥미를 잃고 자신의 삶에 대한 통제력을 전혀 느낄 수 없는 절망적인 상태에 빠지게 된다.

데시와 라이언은 무동기와 내적 동기 사이에 있는 외적 동기를 조절 양식, 지각된 원인 소재, 조절 과정에 따라 네 가지로 분류했다. 분류를 통해 같은 외적 동기일지라도 내적 동기에 가까운 모습을 보일수록 개인에게 의미하는 바와 개인이 느끼는 통제감이 크다는 이야기를 하고 있다.

이 모든 연구들이 우리에게 말해주는 것은 간단하다. 어떤 일을 하든, 내적 동기화된 일을 하거나 내적 동기에 가까운 외적 동기를 활용할 필요가 있다는 것이다. 어떤 일을 하든 그 일을 추진해가는 과정에서 내적 동기의 엔진을 사용할 때 그 일을 하기가 수월하고 꾸준히 즐겁게 할 수 있으니 말이다.

또한 모든 것을 내적 동기에만 의존해서 할 수는 없기에 외적 동기 역시 필요한데, 같은 외적 동기라도 우리가 더 편하고 수월하게 느끼는 외적 동기, 즉 우리의 내적 동기와 더 쉽게 연결될 수 있는 외적 동기를 활용해야 한다.

그런데 많은 사람들이 내적 동기의 가치를 중요하게 생각하고 잘 활용할 수 있는 방법을 찾는 데 시간과 노력을 들이지 않는다. 실제로 내적 동기보다 외적 동기를 찾기가 더 쉽게 느껴지기 때문이다. 그러면서 '그 공부를 왜 하는가?', '그 일을 왜 하는가?'라는 질문에 현수씨와 희철씨처럼 "어쩔 수 없으니"라고 대답한다. 자기 내면의 오래가는 더 중요한 내적 동기의 엔진을 활용하는 데 문제가 발생한 것이다.

갈수록 공부에 흥미를 잃는다, 보상의 역효과

전 세계 학생을 대상으로 학업 동기에 대한 연구를 실시한 라이언 박사는 한국 학생들의 학업 동기와 다른 나라 학생들의 학업 동기를 비교한 결과 독특한 점을 발견하게 된다. 다른 나라의 학생들은 학년이 올라갈수록 내적 동기가 높아지거나 그대로 유지

되는 반면에 한국 학생들은 학년이 높아질수록 학업에 관련된 내적 동기가 낮아진 것이다. 라이언 박사는 어렸을 때에는 공부를 재미있어 하다가도 학년이 올라갈수록 흥미를 잃는 현상은 유독 한국 학생들 사이에서 관찰할 수 있었다고 강조했다.

한국 부모들의 높은 교육열을 생각하면 꽤 역설적이면서도 또 한편으로는 자연스러운 결과이기도 하다. 높은 외부의 기대와 낮은 내면의 동기를 나란히 두고 우리의 교육 방식에 대해 생각해 보게 된다. 그의 연구는 한국 학생들에게 공부는 하기 싫어도 참으면서 해내야 하는 것임을 보여준다. 하기 싫은 것을 억지로 해내야 하는 것이 우리의 마음을 얼마나 힘들게 하고, 에너지를 얼마나 갉아먹는지 생각하면 예비 수험생으로서 겪는 한국 학생들의 어려움은 겉으로 보이는 그 이상의 부담감과 스트레스를 담고 있는 것 같다.

스스로 원해서가 아니라 타인의 기대에 부응하기 위해 공부를 한다면, 마치 고장난 엔진으로 비포장도로를 달리거나 병이 든 심장으로 마라톤 완주를 하는 것과 같이 위태롭고 아슬아슬하다. 그런 상황에서 공부 능률이 잘 오르지 않는 것은 어찌 보면 당연한 일이다.

사실 내적 동기가 없어 공부하기 싫은 것을 역으로 생각해보면, 내적 동기가 클 때 공부는 그다지 어려운 과제가 아님을 알 수 있다. 공부뿐만 아니라 어떤 영역에 대해서든 내적 동기가 클 때,

우리는 마치 새롭고 튼튼한 기계에 기름칠을 한 것처럼 자연히 쉽게 집중한다. 힘들어지더라도 좋아하는 일을 할 때면 크게 힘들다고 느끼지 않게 된다.

공부를 좋아하는 아이들은 공부를 싫어하는 아이들에 비해 쉽게 집중하고, 크게 노력을 들이지 않고도 좋은 성적을 유지해 나간다. 이들은 본인들의 학업 성취에 대한 자신감이 있고, 앞으로 무엇을 어떻게 하고 싶은지 자신의 진로에 대해 주체적으로 결정할 마음의 발판도 있다.

세상의 모든 부모와 교사들은 이 사실을 알고 있다. 그래서 그들은 아이들이 스스로 공부에 흥미 붙이기를 원한다. 다른 어떤 부모보다도 현수 씨와 희철 씨의 부모들은 자녀가 스스로 공부와 일에 흥미를 붙이고 잘 해나갈 수 있기를 기대했다. 그래서 그들은 공부와 일에 집중할 수 있도록 물심양면의 지원을 아끼지 않았다. 하지만 결국에는 그 반대의 결과가 나타났다. 지금 현수 씨와 희철 씨는 공부와 일에 대한 내적 동기가 전혀 없어 힘들어한다. 왜 이런 일이 일어났을까?

이것은 마크 레퍼(Mark Lepper)와 데이비드 그린(David Greene)이 이야기한 '보상의 숨겨진 대가(The Hidden Cost of Reward)'로 설명할 수 있다. 보상의 숨겨진 대가는 외적 보상이 내적 동기를 훼손한다는 사실을 보여준다. 재미있게 하던 일이라도 그 일에 대한 보상이 주어지기 시작하면 그 일에 대한 내적 동기가 훼손되거나 사라지게 된다는 것이다. 내적 동기가 있던 자리에 외적 동기가 자리잡게 되는 것이다.

예를 들어 현수 씨가 어린 시절 그의 부모님은 현수 씨에게 언제나 "수학 시험 100점 맞으면 가지고 싶은 장난감을 사준다"와 같은 보상물을 자주 약속했다. 그런 일이 반복되다 보니 본래 수학을 좋아했던 현수 씨는 차차 "수학이 좋고 재미있어서"가 아니라 "장난감을 받고 싶어서"라고 말하며 수학 공부를 하게 된 동기를 설명하게 된다. 더 나아가 장난감을 주지 않으면 수학 공부를 하는 것에서 의미를 찾지 못하게 되기도 했다.

이런 일은 희철 씨에게도 나타났다. 컴퓨터를 전공하고 그와 관련된 일을 하고 있는 희철 씨는 처음에는 "컴퓨터로 하는 일이 좋아서"라며 일을 하게 된 동기를 설명했지만, 점차 자신의 일에 주어지는 외적 보상과 기대에 집중하며 "돈을 벌어야 하니까"라며 내적 동기 대신 외적 동기에 주목하게 되었다.

레퍼와 그린은 우리가 우리의 행동에 대해 외적 보상이 주어지면 내적 동기를 쉽게 잃어버린다고 말했다. 외적 동기는 가시적이고 구체적이지만 그에 비해 내적 동기는 모호하고 쉽게 드러나지 않기 때문이다.

이런 모습은 다른 학자들의 연구에서도 반복적으로 나타났다. 학자들은 특히 '~를 해라, 그러면 ~할 것이다'와 같은 조건적인 제안과 물질적인 보상은 내적 동기를 떨어뜨린다는 사실을 밝혔다. 이 현상은 우리도 모르는 사이에 서서히 나타나 결국 내적 동기를 갉아먹고, 우리의 의욕과 에너지를 소진시키는 치명적인 결과를 불러온다.

우리 주변에는 현수 씨와 희철 씨처럼 시간이 갈수록 공부는 물론 많은 일에 대한 의욕이 사라져가고, 대학에 가는 과정에서 공부의 본질적 의미를 잃어버리고, 회사에 취직해도 하루하루 출근하기 싫어하는 사람들이 많다. 이들은 공통적으로 내적 동기가 없거나 내적 동기가 적다는 문제를 안고 있었다. 내적 동기가 없을 때에는 우리도 그들처럼 삶의 의욕을 잃기 쉽다. 내적 동기가 없기에 삶의 참맛을 느낄 수 없는 것이다.

우리 안의 내적 동기에
기름칠을 하는 방법

하고 싶은 일보다는 하기를 기대받는 일이 일상을 뒤덮고 있는가? 그럴 때 우리는 스스로가 인생의 주인공이 된다는 자율성과 주체성을 잃고 모든 일을 힘들게 느낀다.

만약 지금 삶에 의욕을 느낄 수 없고 무엇을 해야 할지 삶의 의미를 잘 모르겠다면, 내적 동기의 관점에서 우리의 삶을 돌아보고 숨겨지거나 억압되었던 내적 동기를 살릴 필요가 있다. 그렇다면 불씨가 사그라지지 않도록 내적 동기의 엔진에 기름칠을 하려면 어떤 것이 필요할까?

행동이나 결과가 아닌 동기에 초점을 맞춰라

앞서 설명한 보상의 숨겨진 대가는 우리 안의 내적 동기가 얼마나 외적 보상으로 전환되기가 쉬운가를 너무나도 잘 보여준다. 어떤 사안에 대한 순수한 열정으로 공부를 열심히 하다가도 막상 보상이 주어지기 시작하면 내면의 동기가 아닌 외부의 보상에 더 집중하게 된다는 것이다.

그만큼 우리 내면의 내적 동기를 계속 붙잡고 가는 것이 그만큼 어려운 일임을 보여주기도 한다. 따라서 우리는 우리 스스로를 동기화하거나 다른 사람의 내적 동기를 북돋아주기 위한 최선의 방법을 찾기 위해 노력하는 만큼이나 우리와 타인 내면의 내적 동기를 훼손시키지 않기 위해 노력할 필요가 있다.

그러므로 칭찬조차 잘 살피면서 해줄 필요가 있다. 예를 들어 공부를 좋아하고 잘 하는 누군가를 격려하고 싶다면 겉으로 드러난 결과나 행동에 초점을 맞추기보다는 잘하고자 하는 내적 동기를 강조하는 방식으로 격려하는 것이 중요하다. '잘 했구나!'만큼이나 '잘 하고 싶었구나'를 짚어주는 것이다. '그래서 100점 맞았구나!'가 아니라 '노력하는 동안 많이 배웠겠구나!'를 짚어주는 것이다.

이는 스스로에 대해서도 마찬가지다. 어떤 일을 해나가든 모든 결과와 성과가 만족스러울 수는 없고, 어떤 일을 해나가는 과정 중에 마음이 흔들릴 수는 있다.

하지만 그럴 때마다 겉으로 드러난 외적 보상과 결과가 아닌, 애초에 왜 이 일을 하고 싶었는지에 대한 내적 동기에 초점을 맞추고 있는지를 돌아본다면 작은 결과나 성과에 일희일비하지 않고 내 안의 지침에 맞춰 내 일을 꾸준히 쌓아갈 수 있다. 우리의 모든 마음이 내적 동기에 맞춰 정렬될 때 우리는 삶을 가장 나답게 살게 된다.

동기가 없을 때는 외적 동기를 이용하라

때로 우리는 내적 동기가 전혀 없는 사람에게 어떤 행동을 하도록 설득해야 할 때가 있다. 이때에는 외적 보상을 통해 외적 동기를 자극해 그 사람이 일을 하도록 장려해줄 필요가 있다.

예를 들면 이런 경우다. 수학에 전혀 흥미가 없는 아이에게 수학 문제 풀이를 시켜야 할 때 우리는 문제를 다 풀면 피자 한 판을 사주겠다고 보상을 제시하거나 문제를 잘 풀기를 바라는 기대를 표현할 수 있다. 동기화가 필요하기에 일단은 외적 동기를 이용하는 것이다.

그런데 우리의 궁극적인 목표는 외적 동기를 자극하는 데 그치지 않는다. 결국 중요한 것은 내적 동기이기에 일단 외적 동기가 자극되고 난 후에는 외적 동기를 내적 동기로 전환시키는 노력이 필요하다.

예를 들어 수학 문제를 푸는 과제가 단지 피자를 먹기 위해서 가 아니라, 하고 싶은 마음을 자극시키도록 아동에게 이런저런 질문을 해주는 것이 좋다. '문제를 풀면서 어땠는지', '어떤 점이 재미있고 어떤 점은 어렵게 느껴졌는지', '앞으로 또 어떤 문제를 풀고 싶은지' 등을 질문해 외적 동기를 내적 동기로 바꿀 수 있도록 도와주는 것이다. 이때 외적 보상은 내적 동기가 전혀 없는 상황 속에서 우리 안의 내적 동기를 일깨워주는 좋은 자극이 된다.

세부 목표는 외적 동기로, 큰 목표는 내적 동기로 연결하라

외적 동기는 짧은 시간에 즉각적으로 우리를 동기화시키는 힘이 있다. 만약 누군가가 우리에게 영어 단어 열 개를 외우면 금전적 보상을 해주겠다고 제안한다고 하자. 그러면 우리는 영어 단어를 외우고 싶은 마음이 커질 것이다. 그만큼 외적 동기는 즉각적으로 힘을 발휘한다.

수학 문제를 푸는 즐거움을 모르거나 영어 단어를 외우는 재미를 알지 못할 때, 또한 힘들고 지쳐 우리 스스로를 동기화시킬 수 없을 때, 외적 보상은 우리를 쉽게 동기화시키는 장점이 있다. 우리는 이런 장점을 우리가 궁극적으로 성취해 내고 싶은 목표에 연결시켜 활용할 수 있다.

보통 우리가 궁극적으로 이루고 싶어 하는 목표는 외적 동기가 아닌 내적 동기이다. 우리는 모두 사랑, 명예, 인정, 존경, 자아실현과 같이 구체적이거나 뚜렷하지는 않지만 우리가 중요하게 생각하는 내적 동기에 해당하는 가치를 마음에 품고 있다. 외적 동기는 이런 궁극적인 내적 동기를 실현하는 과정에서 이정표가 되거나 중간 다리가 되어 우리가 내적 동기를 향해 갈 수 있게 도와주는 일시적인 보상이라고 할 수 있다.

외적 동기는 일시적인이고 임시방편의 목표가 되는 한계가 있지만 그런 외적 동기가 담긴 세부 목표는 우리에게 더 크고 먼 곳에 놓여 있는 내적 동기인 목표와 연결될 때 우리에게 좋은 자극이 되고 힘이 된다.

즉 우리의 많은 세부 목표는 외적 동기와 관련이 있지만 더 큰 목표는 내적 동기와 관련이 있고 이런 외적 동기와 내적 동기, 세부 목표와 큰 목표가 잘 연결되어 있을 때 우리는 우리의 삶과 일상 속에서 통제감과 성취감을 동시에 느낄 수 있다.

예를 들어 올해 고등학교 3학년인 현주는 외교관이 되는 것이 꿈이다. 그런데 이번 중간고사에서 영어 시험 점수를 잘 받으면 엄마가 디지털 카메라를 사주겠다고 해서 더 열심히 공부하고 있다. 공부를 열심히 하는 이유가 꼭 카메라 때문만은 아니다. 지금 당장은 외적 동기에 눈빛을 반짝이며 책상 앞에 앉아있지만 더 큰 동기는 외교관이 되는 것, 더 나아가 '공정'과 '인권'이라는 가치를 실현하는 데 도움이 되는 사람이 되고픈 마음에 있다.

현주가 자신이 공부를 하는 이유에 대해 본질적인 이유와 그에 부수적으로 함께 오는 카메라라는 보상을 분명히 나눌 수 있다면, 현주는 외적 동기와 내적 동기를 잘 활용하고 있다고 할 수 있다. 이때 보상은 더 이상 '숨겨진 대가'가 아니라 '분명한 덤'이 된다.

작가인 버지니아 울프도 자신의 글쓰기에 대해 이런 말을 감탄하며 남긴 적이 있다. "글쓰기는 내가 가장 좋아하는 활동인데, 그걸로 돈도 벌 수 있다니!" 외적 보상을 활용하되, 언제나 외적 보상이 우리 마음을 '조금 더' 이끌어주는 무언가가 되어야지 궁극적인 목표이자 대가가 될 수 없음을 아는 것이 중요하다.

내적 동기와 관련해 나의 지난 경험을 돌아보라

지금까지 다른 사람의 기대와 외적 동기가 이끄는 삶을 살아오느라 내적 동기를 잃어버린 것 같다면, 내 삶을 내적 동기에 맞춰 돌아보는 것이 필요하다. 우리 안에는 씨앗에서 싹이 트고, 그 싹이 나무가 되어 열매를 맺는 것처럼, 자연스럽게 피어나는 내면의 잠재력과 목소리가 있다. 이런저런 환경의 한계를 고려하고 누군가의 기대를 따르느라 잠잠히 억눌러왔던 내면의 동기는 상자에 겹겹이 감싸진 선물처럼 '아직' 겉으로 드러나지 않을 뿐, 완전히 사라진 것은 아니다.

억눌러온 내적 동기를 찾기 위해 내가 과거에 어떤 일을 하며 기쁨과 희열을 느꼈는지 찾아보자. 초등학교 3학년 때 얼떨결에 나갔던 백일장 대회에서 느꼈던 느낌도 좋고, 한 번도 피아노를 배워본 적이 없지만 언젠가는 하리라고 묻어둔 마음속 갈망도 좋다. 내 일상을 송두리째 바꾸기는 어렵지만 좋아서 하는 일을 차곡차곡 쌓아가다보면, 해야만 해서 하는 일을 하는 데에도 에너지를 얻게 된다. 잃어버렸던 가슴속 의욕과 열정의 불을 되살리는 것이다.

때로는 외적 동기에 가려져 있는 내적 동기를 찾아주는 것도 필요하다. '이 일을 시작할 때는 의욕과 열정이 앞서지 않았는가?', '하고 싶었던 일이 해야 하는 일로 변질되지 않았는가?'를 스스로에게 질문하며 지금 하고 있는 일을 시작할 때 품었던 첫 마음을 기억해보자.

회사에 입사할 때 쓰는 입사지원서와 자기소개서에 반드시 들어가는 항목이 바로 '동기'다. 입사 동기에 단지 '돈을 벌어야 하니까'라거나 '다른 사람이 좋다고 해서'라고 외적 동기만을 나열하며 지원하게 되었다고 쓰는 사람은 없다. 다른 사람뿐 아니라 나 자신에게 가장 설득력 있는 내 안의 동기를 찾는 것이 필요하다. 그래야 마르지 않는 샘처럼 오래 가는 진짜 추진력을 내 안에서 얻을 수 있기 때문이다.

기대의 껍질에서 벗어나
내적 동기를 꽃피우다

영화 〈트루먼쇼〉는 우리의 내면에 막대한 영향을 미치는 외부환경의 압력에 맞서 싸우는 개인의 사투를 잘 보여준다. 주인공 트루먼은 태어나자마자 세트장에서 자라기 시작했고, 그의 인생은 그가 모르는 사이 전 세계로 방영된다. 그의 아버지, 어머니, 부인, 이웃, 친구 모두 각본에 따라 설정된 가짜다. 모든 사람들이 마치 실험용 쥐처럼 그의 반응을 관찰하고 있었던 것이다.

누구도 그가 본연의 모습 그대로 자라 자신이 원하는 대로 하기를 기대하지 않았다. 선생님은 그에게 물 공포증을 심어주는 경험을 하게 함으로써 세트장에서 벗어나지 못하게 만들었다. 뿐만 아니라 그가 호감을 가진 여자와 만나기보다 감독이 정해준 여자와 결혼을 하게 했다. 매일 듣는 라디오 방송도 그가 듣고 싶어 하는 것이라기보다는 그들이 들려주는 것에 가까웠다.

그는 평생 타인이 설정한 환경과 기대의 틀 안에서 자신이 선택하지도 않은 타인의 시선 안에 살게 될 운명이었다. 하지만 결국 자신의 삶에 존재하는 설정과 균열을 깨닫고 세트장 밖으로 나가기 위해 사투를 벌였다. 누군가가 설정하고 제한하며, 내가 아닌 다른 누군가가 나를 감독하고, 내가 주인공이지만 결코 주인공 같지 않은 삶에서 벗어나 진정으로 하고 싶은 것을 주체적으로 선택하는 삶을 원하기 때문이다.

이런 트루먼의 모습은 몸부림에 가깝다. 우리는 트루먼의 모습과 그에게 가해진 갑갑한 틀을 보며 경악하지만 한편으로는 우리도 모두 트루먼처럼 살고 있는 면이 있음을 결국 인정하게 된다. 그리고 우리 역시 진정한 자신의 삶을 살기 위해서는 몸부림의 과정이 필요함을 마주하게 된다.

이런 트루먼의 삶과 변화, 그리고 그 변화를 향한 몸부림은 지금 우리들의 삶 속에서도 계속되고 있다. 이런저런 외부의 기대에 지칠 때마다 우리는 필연적으로 스스로에게 묻게 된다. 나는 진정 내가 원하는 것을 위해 살고 있는지, 우리 내면의 울림에 맞춰 우리 내면의 엔진을 가동시키며 살고 있는지에 대해.

때론 그 물음이 우리를 온갖 익숙한 기대의 세트장에서 나와 과감한 결단을 내려야 하는 불안하고 불편한 혼돈의 행로로 우리를 이끌기도 하지만 다른 누구도 아닌 내 마음에 가닿기 위해 가장 중요한 혼란을 뚫고 나온 그 길은 가장 나다운 길이 된다. 가장 나다운 삶, 내 삶의 주인공이 된 삶, 내 내면의 가치에 맞춰 내 일상의 크고 작은 선택과 행로가 정렬되는 삶을 살게 된다. 후에야 보상의 숨겨진 대가를 치르며 뒤늦은 후회를 하지 않는 대신, 진짜 내 삶을 사는 획을 그어왔다는 자부심과 내면의 무게 중심 추에 단단하고 분명한 목소리를 가지게 된다.

나는 상담실에서도 상담이 제대로 된 방향으로 가고 있다는 사실을 상담실에 온 사람들이 스스로에게 하는 질문을 통해 가늠한다. 외적 동기가 아닌 내적 동기에 초점을 맞추기 시작할 때, 사람들은 그 전까지는 타인을 향해 방향 없이 던지던 여러 질문들을 한 곳으로 모아 자기 자신에게 질문하기 시작한다.

"지금까지는 '그거 하면 뭐가 좋은데요? 다른 사람들은 이걸 어떻게 보고 있나요?'라고 물었다면 지금은 저 자신에게 이렇게 물어요. '너 이거 정말 원하는 거 맞니? 너가 정말로 원하는 게 뭐야?'라고요."

이런 말을 하는 사람들은 가는 도중 더 자주 길을 잃는 느낌을 받는다고 이야기하면서도 이 과정이 주는 내면의 힘을 실감하며 삶의 무게 중심 추를 자기 내면으로 가져오기 시작한다.

밖에서 들리는 여러 목소리들에 집중하느라 내면의 목소리를 듣지 못하는 시간이 길었던 만큼, 자기 자신에게 질문을 하고 그 질문에 대한 자기 자신의 답을 듣고 그에 맞춰 일상의 크고 작은 선택을 내리고 다음 행로를 결정하는 것이 처음에는 낯설게 느껴진다고도 한다. 하지만 일단 귀 기울여 듣기 시작하면 가장 가까이 붙어있으면서도 왜 그토록 듣지 못했는지 놀라울 만큼 익숙하고 당연하게 내 목소리가 들리기 시작한다고도 말한다.

우리에게 가장 중요한 마음은 내적 동기다. 내적 동기가 온갖 외적 동기들에 가려지거나 훼손되지 않게 우리 마음 한복판에, 가장 크게, 가장 분명하게, 가장 오래 울리게 해주어야 한다.

KEEP CALM
AND
CARRY ON

200점으로는 아무도 놀라지 않아.
_ 김연아 선수의 나이키 광고 중

chapter *5*

기대하면 부담을
느껴 실수한다
: 사회적 억제

발표가 두려운 사람 vs.
발표의 달인

재범 씨는 방금 스피치 학원에 등록하고 오는 길이다. 내향적이고 수줍음을 잘 타는 재범 씨에게 다른 사람들 앞에서 발표를 하는 시간은 고문이나 다름없다. 아무리 준비를 열심히 하고 나름대로 연습을 해도 엉망으로 발표를 하게 되는 것이다. 그래서 그는 어떻게든 발표를 미루거나 다른 사람에게 넘기고 싶어 한다. 어쩔 수 없이 발표를 해야 하는 순간이 오면 심장이 터질듯 힘들어지기 때문이다.

바로 어제가 그랬다. 중요한 발표를 해야 했던 그는 오랜 시간 공을 들여 준비를 해왔다. 이번에야말로 제대로 발표를 해보겠다는 결심까지 했다. 그런데 막상 발표를 하기 위해 단상에 서서 자신을 바라보며 기대하는 사람들의 눈을 보는 순간 머리가 하얘지고 아무것도 기억나지 않았다. 다른 동료들은 괜찮다며 애써 위로했지만 그는 자괴감에 휩싸였다. 이제 더 이상은 견딜 수 없다는 생각이 들어 결국 스피치 학원에 등록하기로 했다.

반면 대학생인 윤혜 씨는 친구들 사이에서 발표의 달인으로 불린다. 그녀는 어떤 발표든지 사람들의 많고 적음에 상관없이 능수능란하게 해낸다. 친구들은 발표를 할 때마다 그녀와 꼭 함께 하고 싶어 한다. 그녀는 모두가 미루는 발표를 부담 없이 하겠다고 자청하곤 했고, 앞에 나서도 떨지 않고 준비한 것 이상으로 발표를 잘 해내기 때문이다.

윤혜 씨는 확실히 무대 체질이었다. 오히려 혼자서 할 때는 실수가 많았다. 하지만 다른 사람이 있으면 더 잘할 수 있었고 신이 나서 발표를 했다. 그녀는 청중들의 참여를 유도하기도 하고 긴장시키기도 하면서 발표에 집중시켰다. 순전히 그 시간 자체를 즐기는 것 같았다.

발표를 잘 하는 윤혜 씨와 발표를 할 때마다 곤혹스러워하는 재범 씨에게는 어떤 차이가 있을까? 재범 씨는 다른 사람이 있을 때 자신이 준비한 것의 반도 내놓지 못하고 전달력도 없는 불안정한 수행을 보이지만 윤혜 씨는 다른 사람이 있을 때 자신이 준비한 것 이상을 해낸다. 재범 씨와 윤혜 씨뿐만이 아니라 우리는 모두 타인의 존재에 따라 우리의 수행 능력이 달라지는 것을 경험한다. 혼자라면 못할 일을 해내기도 하고, 혼자라면 잘하는 일을 그르치기도 한다.

타인의 존재에 따라
달라지는 수행 능력

우리는 꼭 심리학 실험이 아니더라도 혼자 뛰는 것보다 함께 뛰는 것이 더 나은 기록이 나오고, 혼자서 일하는 것보다는 누군가가 우리를 지켜보고 있거나 함께 할 때 더 많은 것을 해낼 수 있다는 사실을 알고 있다. 그에 관련된 연구는 1세기 전의 심리학자 노먼 트리플렛(Norman Triplett)의 실험까지 거슬러 올라갈 수 있다. 그는 낚시줄 감기와 같은 단순한 작업을 하는 사람들을 보며 바로 이 현상에 주목했다.

트리플렛은 함께 함으로써 더 나은 수행을 보이게 되는 모습을 보며 이를 '사회적 촉진 효과'라고 이름을 붙였다. 혼자서 발표 연습을 할 때는 실수가 많았지만, 다른 사람 앞에 서면 준비해온 것 이상으로 발표를 더 잘하는 윤혜 씨는 바로 사회적 촉진 효과를 잘 활용하고 있는 셈이다. 이런 효과는 사람들뿐만 아니라 개미나 쥐를 대상으로 한 실험에서도 나타났다.

또 다른 학자들은 사회적 촉진 효과와 전혀 상반된 결과를 발견하기도 했다. 다른 사람이 지켜보고 있거나 함께 할 때 수행이 현저하게 나빠지는 경우가 있었던 것이다. 사람들 앞에 서면 혼자서는 완벽하게 해내던 일을 그르치고 마는 재범 씨처럼 말이다. 그들은 이러한 효과를 '사회적 억제'라고 불렀다.

사회적 촉진 효과와 사회적 억제 효과. 이 두 가지 상반된 효과는 매일같이 우리의 수행에 큰 영향을 미친다.

김연아 선수의 200점 연기, 하지만 아무도 놀라지 않아

2010년 동계 올림픽 때 우리는 김연아 선수의 선전을 기원하며 과연 그녀가 금메달을 획득할 수 있을지 주목했다. 온 국민의 기대가 그녀의 점프 동작 하나하나에 실려 있다고 해도 과언이 아니었다. 그 기대가 전 국민적으로 너무 컸기에 많은 외신들은 '그녀가 넘어야 할 경쟁 상대는 다른 선수들이나 그녀 자신이 아닌 대한민국 국민들의 높은 기대'라고 보도하기도 했다. 그 당시 그녀가 출연한 한 광고에는 높은 기대에 대한 부담감을 나타낸 이런 카피까지 등장했다. '200점으로는 아무도 놀라지 않아!'

200점은 당연히 넘을 거라 믿는 사람들의 기대 속에서 자신만의 경기를 이끌어가야 했던 것이다. 결국 그녀는 엄청난 부담과 압박감을 이겨내고 빙판 위에서 숭고한 완벽주의를 실현했다. 아무도 지켜보지 않을 때나, 모두가 엄청난 기대를 품고 자신을 지켜보고 있을 때나 그녀의 수행 능력은 전혀 흔들리지 않았다. 오히려 그녀에게는 사회적 억제가 아닌 사회적 촉진을 활용해 자신이 원하는 수행을 이끌어내는 힘이 있었던 것이다.

그녀처럼 온 세상이 지켜보는 가운데 빙판 위에서 경기를 해야 하는 것은 아니어도 매일같이 사람들의 기대를 의식하며 어떤 수행을 해내야 하는 우리는 모두 그 힘을 갖고 싶어한다. 모두가 자신이 김연아 선수처럼 놀라운 성취를 이루고 싶어 한다. 한 고시생은 이런 말을 했다.

"모두가 지켜보고 있는데 해내는 걸 보면 정말 대단한 거지요. 다들 김연아 선수가 점프하고 금메달을 딸 때 자기의 합격을 생각했을 거예요. 마음이 다 그럴 걸요."

그녀의 점프에는 잘해야 한다는 부담을 이기고 그녀처럼 더 높이 날아오르고 싶어 하는 우리 모두의 마음이 실려 있었던 것이다. 그만큼 타인의 존재는 우리의 수행과 연결되고 우리의 수행에 큰 영향을 미친다. 기대가 클 때 우리의 수행은 좋아지기도 하고 나빠지기도 하는 양극단의 방향으로 간다.

왜 잘하는가?
왜 못하는가?

김연아 선수를 비롯해 중요한 순간 훌륭한 수행을 보이는 선수들은 사회적 억제가 나타날 수도 있는 상황에서 사회적 촉진이 나타나게 만든다. 함께 경기에 임하는 경쟁자나 관객들, 그리고 응원하는 열렬한 팬들의 기대에 압도당하지 않고 자신의 기량을 펼칠 수 있다.

우리는 "잘한다!"는 칭찬에 기분이 좋아지고, 누군가가 박수치며 보고 있을 때 힘을 얻는다. 하지만 어떤 때에는 "잘해!"라는 말이 부담스러워지기도 한다. 타인의 존재는 우리에게 사회적 촉진 효과를 불러와 우리의 수행에 긍정적인 영향을 미치고, 사회적 억제 효과를 불러와 우리의 수행에 부정적인 영향을 미치기도 하는 것이다.

그렇다면 여기서 한 가지 의문이 생긴다. 타인의 존재는 언제 왜 우리의 수행을 억제하기도 하고, 또 반대로 촉진하기도 하는 것일까?

트리플렛의 실험 이후 많은 학자들은 이 질문에 대한 명료한 답을 찾기 위해 노력했다.학자들은 타인의 존재가 촉진을 가져올 때도 있고 억제를 가져올 때도 있다는 사실을 쉽게 알 수 있었지만 사람들이 왜 때로는 다른 사람들이 있을 때 더 잘하다가 또 때로는 다른 사람이 있어서 더 못하게 되는가에 대한 명확하고 깔끔한 이론을 세우기가 어려웠다.

오랫동안 학자들을 힘들게 하던 이 문제에 대해 자이온스를 비롯한 학자들은 사람들의 기대가 언제 우리의 수행에 방해가 되는지 다음의 몇 가지 관점에서 설명했다.

　로버트 자이온스(Robert Zajonc)는 촉진과 억제를 설명하기 위해 '각성 상태'가 불러오는 효과에 대해 관심을 가졌다. 각성 상태란 자극에 대해 반응을 하거나 행동할 준비가 되어 있는 상태를 말한다. 쉽게 말해 어떤 일을 하기 전 우리 마음속에 감도는 긴장감을 의미한다. 그런데 이 각성 상태는 그 수준이 너무 높아도, 또 너무 낮아도 우리의 수행에 부정적인 영향을 미친다.

　'최적 각성 이론(Optimal Arousal Theory)'은 우리가 너무 긴장을 해도, 또 너무 긴장이 풀려도 수행을 잘 해내지 못한다는 것을 말해준다. 무언가를 잘하고 싶다면 적당한 긴장이 필요하다는 것이다. 다른 사람의 기대를 느끼며 과도하게 긴장한다면 우리의 수행에는 오히려 역효과가 나타난다. 자이온스는 각성에 대해 다음과 같은 결론을 내렸다.

⊘ 타인의 존재는 우리를 긴장시킨다.

⊘ 긴장할 때 우리는 더 낫다고 생각하는 반응(우세 반응)을 더 자주 한다.

⊘ 만약 우세 반응이 옳은 것, 혹은 적절한 것이라면 타인의 존재는 옳은 반응이 나올 가능성을 증가시킬 것이다.

⊘ 만약 우세 반응이 틀린 것, 혹은 부적절한 것이라면 타인의 존재는 틀린 반응이 나올 가능성을 증가시킬 것이다.

한마디로 타인의 존재가 불러오는 긴장감이 우리의 행동 방향에 영향을 미친다는 것이다. 이런 사회적 촉진은 국가 대표 선수들의 수행뿐만 아니라 우리가 지금 하고 있는 모든 수행(보고서를 작성하고, 발표를 하고, 테니스를 치는 등의 일)에 영향을 미친다. 우리는 사람들이 좋다고 생각되는 방향으로 나아가기 위해 애쓰고 더 잘하게 된다. 그리고 우리의 수행은 단지 다른 사람들이 '그렇게 하는 것이 좋다'라고 직접적으로 제시하지 않고 '아마 저 사람이 그렇게 하는 것을 좋아할 것이다'라고 유추하는 것만으로도 영향을 받을 수 있다.

또한 자이온스는 각성뿐만 아니라 과제의 난이도도 사회적 촉진과 억제에 영향을 미친다는 것도 밝혀냈다. 문제가 너무 어려우면 혼자서 해보려던 일도 다른 사람이 있다고 포기하게 된다는 것이다. 그는 다른 사람의 존재로 인해 긴장할수록 사회적 촉진이 나타나지만 이는 쉬운 과제에 대해서만 나타날 뿐 어렵고 복잡한 과제에 대해서는 각성이 아니라 오히려 억제가 나타난다고 설명한다.

예를 들어 종이를 접는 것처럼 쉬운 일은 다른 사람들이 지켜볼 때 더 빨리 잘 해내게 된다. 하지만 수학 문제를 풀거나 체스게임을 하는 것과 같이 복잡하고 어려운 연산이 필요한 과제를 수행할 때에는 오히려 다른 사람들이 지켜보는 것이 불러온 긴장감 때문에 잘 못하게 될 가능성이 더 크다는 것이다.

자이온스는 단순히 '타인의 존재'가 수행에 영향을 불러온다고 했지만, 니콜라스 코트렐(Nickolas Cottrell)이나 글렌 샌더스(Glenn Sanders)와 같은 다른 연구자들은 다른 사람의 존재가 결과에 영향을 미치는지 알기 위해 다른 요소들을 고려할 필요가 있다고 보았다. 그 가운데 가장 중요한 요소로 두 가지가 있다. 그것은 바로 평가 불안과 집중 분산이다.

첫째는 '평가 불안(Evaluation Apprehension)'이다. 앞서 재범 씨와 윤혜 씨가 보여준 가장 큰 차이 가운데 하나는 바로 평가에 대한 불안이라고 할 수 있다.

재범 씨는 발표를 할 때마다 다른 사람들이 자신을 어떻게 평가할지에 대해 의식하고 불안해한다. '왜 나는 이것밖에 안 될까' 하는 생각에 사람들이 없는 곳으로 숨고 싶은 마음도 있다. 다른 사람들을 지나치게 의식하고 타인이 나를 어떻게 볼지 신경을 쓰기 때문이다. 수행 외의 요소에 에너지를 쏟으니 수행에 온전히 집중할 수 없고, 자신이 지금보다 못하다고 느끼게 되어 발표를 잘 할 수도 없는 것이다.

반면 윤혜 씨는 다른 사람들이 자신의 발표를 어떻게 평가하든 크게 신경쓰거나 불안해하지 않는다. 그녀 자신이 다른 발표자의 실수에 관대하듯, 실수한다고 해도 자신에 대한 평가는 크게 달라지지 않을 거라고 가슴으로 믿는다. 다른 사람이 발표를 하다가 실수를 하더라도 자신이 오래 기억하지 못하는 것처럼, 실수를 크게 한다 해도 두려울 것이 없다는 것을 믿고 있다. 또한 자신에 대한 사람들의 평가가 전반적으로 호의적일 것이라고 기대하기도 한다.

결국 재범 씨와 윤혜 씨가 가진 큰 차이는 평가 불안인 것이다. 즉 '타인의 평가에 대한 불안이 있는지, 있다면 그 불안을 어떻게 다루는지'에 있었던 것이다.

코트렐과 그의 동료들은 평가 불안에 대해 알아보기 위해 관찰자들의 눈을 가리는 실험을 하기도 했는데, 눈을 가리면 타인의 존재는 누군가의 수행에 영향을 미치지 못하는 것을 알게 되었다. 이 실험에서 관찰자들의 눈을 가렸다는 것은 평가할 수 없다는 것을 의미하기에 수행에 부정적인 영향을 미치지 않았던 것이다.

어떤 일을 하는 데 있어 '평가'는 더 나은 수행을 위해 피할 수 없이 마주하게 되는 일이다. 하지만 그 평가를 우리가 어떻게 받아들이느냐에 따라 우리는 제 실력을 발휘하기도 하고, 애써 연습해온 일을 제대로 펼치지 못하기도 한다.

평가는 누구에게나 어느 정도의 불안을 일으킨다. 타인의 기대는 분명하지 않고 그 기대를 의식할수록 부응하지 못할 높은 기대의 압력을 우리의 어깨에 짊어지며 무겁게 느끼게 된다. 재범 씨에게는 단순히 "평가에 불안해하지 말라"는 조언보다는 그가 평가 불안을 어떻게 다루고 있는가를 함께 살피는 것이 그래서 무척 중요한 일이다.

집중 분산 – 문제는 집중력!

다른 사람의 존재가 수행에 영향을 미치게 되는 중요한 요인 가운데 니콜라스 코트렐과 글렌 샌더스가 밝힌 둘째 요소는 '집중 분산(Distraction)'이다.

2009년 프로야구의 최대 화두는 김상현 선수였다. 그는 1군과 2군 사이를 아슬아슬하게 오르락내리락 하는 이름 없는 선수였지만, 데뷔 십 년 만에 전성기를 맞이하며 팀을 우승으로 이끌었다. 어떤 기자는 이런 그의 모습에 놀라움을 금치 못하며 2009년을 "올해 시작에는 그가 없었다. 그러나 연말에는 그 밖에 없었다"라고 회상하기도 했다.

그는 멘탈 스포츠라 불릴 만큼 심리적 요인이 강한 야구 경기에서 잠재력을 발휘한 이유에 대해 이렇게 설명했다.

"저는 1군에서도 어느 정도 있었지만 주로 2군에 많이 있어서 사람이 많아지면 위축되고 주위가 산만해져요. 집중을 할 수 없어요. 상대 투수와 저의 1 대 1 싸움인데 마음이 위축되고 집중력이 분산이 되다보면 대처하는 능력이 떨어지죠."

다른 사람을 의식하면서도 수행이 억제되지 않고 촉진되려면 집중력이 흐트러지지 않게 유지해야 한다는 것이다. 이는 앞서 윤혜 씨와 재범 씨의 차이에서도 드러난다. 윤혜 씨는 발표를 할 때에 발표에만 집중하지만 재범 씨는 발표를 하면서도 쉽게 집중하지 못한다. 다른 사람의 사소한 표정변화까지 민감하게 반응하며 집중해야 할 것에 집중하지 못하고 집중력이 분산되는 모습을 보이는 것이다.

결국 평가 불안과 집중 분산은 타인의 존재로 인해 마음이 흔들린다면 수행을 잘 할 수 없다는 사실을 보여준다. 만약 김연아 선수가 '실수하면 어떡하지?'라고 생각하고, 수험생이 '시험을 못 보면 부모님이 실망하실 텐데'라는 마음에 흔들리고, 가수가 '생각보다 못 부르네'라는 평가를 들을까봐 두려워한다면 제 기량을 발휘할 수 없는 것처럼 말이다.

사회적 촉진과 사회적 억제에 관련된 학자들의 연구를 종합하면 다른 사람이 지켜보고 기대하고 있음에도 제 기량을 발휘하기 위해, 우리는 '얼마나 긴장하는가', '과제 난이도가 어떠한가', '평가에 불안해하고 연연하는가', '집중을 하고 있는가'의 네 가지 관점에서 살펴보아야 한다는 점을 말해준다. 우리는 모두 다른 사람의 기대를 사회적 억제가 아닌 사회적 촉진으로 활용할 필요가 있는 것이다.

사회적 억제가 아닌
촉진의 효과를 누리기 위해

우리는 피드백의 동물이다. 타인의 피드백으로 살고 죽는다고 해도 그다지 과언이 아닐 만큼 피드백은 우리에게 매우 중요한 영향을 미친다. 언제, 어디에서, 무엇을 하든 우리는 타인의 기대와 반응에 민감하다.

농담에 웃어주는 사람이 한 명이라도 있어야 다음에도 농담을 할 용기가 생기고, 노래방에서 노래 부를 때 주목해주지 않으면 마음이 상한다. 요리를 해도 맛있게 먹어주는 사람이 없으면 더 열심히 만들 생각이 안 들고, 안 되던 춤동작도 응원과 박수 소리를 받으면 잘할 수 있다.

그만큼 우리의 모든 수행에서 타인의 기대는 촉진자 역할을 한다. 잘하리라 기대하고 잘한다고 말해주는 만큼 우리는 더 신이 나서 무언가를 하게 되고 더 잘하게 된다.

하지만 타인의 기대가 우리 안의 평가 불안을 자극하거나 주의를 분산시킨다면, 타인은 더이상 촉진자가 아닌 억제자가 된다. 김연아 선수에 대한 높은 기대에 우려를 보였던 외신 보도처럼, 어떤 기대는 다분히 좋은 의도에 바탕을 두고도 부정적인 영향을 미치기도 한다. 그렇다면 우리가 타인의 기대를 촉진자로 활용하기 위해 어떤 것이 필요할까?

유명한 팝 가수 브리트니 스피어스(Britney Spears)는 아주 어린 시절부터 노래와 춤으로 사람들의 관심과 칭찬을 받는 것을 좋아 했다고 한다. 그녀는 주변에 사람들이 없을 때에는 미키마우스와 도날드 덕 인형을 세워 놓고서라도 노래와 춤을 연습했고 덕분에 세계적인 가수가 되었다. 봉제 인형이 아닌 전 세계 사람들이 그녀의 노래를 따라하고 그녀의 춤을 보며 열광한 것이다.

우리는 앞에 나와서 노래를 부르라고 하거나 발표를 하라고 지목 받으면 가슴이 콩당콩당 뛰며 부담스러워진다. 평소에는 잘 부르던 노래마저 못 부르고 발음이 이상하게 꼬이기도 한다. 하지만 브리트니 스피어스는 우리와는 전혀 다른 모습을 보여준다. 그녀는 사람들의 열광을 있는 그대로 받아들이고 잘해냈지만, 우리는 누군가가 우리에게 열광하고 기대하면 부담스러워 잘 해내지 못 한다. 그녀가 사람들 앞에서 잘 해낸 이유는 아마 미키마우스와 도날드 덕 앞에서 열심히 연습한 시간이 충분히 길었기 때문일 것이다.

타인의 기대를 인식한 그 순간부터 우리의 수행은 타인의 영향을 받을 수밖에 없다. 축구 선수 데이비드 베컴(David Beckham)조차도 패널티킥을 차려고 골문 앞에 서면 "가슴이 터질 것 같다"고 말한다. 브리트니 스피어스처럼 노래를 부르고, 김연아 선수처럼 피겨 여왕으로 군림하고, 데이비드 베컴처럼 축구를 잘하고,

다양한 과제들을 잘 수행해내는 사람이라도 타인의 영향력으로부터 초월하기 위해 무대에 올라가기 전에 일단 혼자서 연습하고 또 연습하는 긴 시간을 보냈다. 처음부터 자기 자신에게만 집중할 수 있었던 사람은 아무도 없었을 것이다.

수행의 촉진과 억제에 대한 자이온스의 설명처럼 타인의 존재로 각성된 우리가 수행을 잘 해내기 위해서는 그 과제를 쉽게 느껴야 한다. 그래야 누가 우리에게 어떤 기대를 하든 영향을 받지 않고 흔들리지 않는 수행을 해낼 수 있고, 다른 사람의 존재로 인한 사회적 억제가 아닌 사회적 촉진을 충분히 활용할 수 있는 것이다.

이는 자전거를 잘 타고 운전을 능숙하게 해내는 것과 같은 우리의 모든 일상적 과제에서도 나타나는 모습이다. 처음에 자전거를 타기 시작하면 우리는 모든 행동에 대해 의식하게 되고, 다른 사람이나 물체가 있으면 긴장된 마음에 더 많은 실수를 하게 된다. 그렇지만 반복하다보면 처음에는 서툴렀던 많은 일들이 결국에는 연습을 통해 물잔에 물을 따르는 것만큼이나 자연스러운 일이 되는 것이다. 누군가가 나를 바라본다고 해도 타인의 존재를 의식하며 실수할 가능성이 적어지는 것이다.

어떤 과제가 힘들게 느껴진다면, 또 그 과제를 다른 사람 앞에서 해야 한다면, 그것은 그 과제를 수행하는 데 더 많은 연습이 필요함을 의미한다. 결국 수행이 타인의 기대로 인해 흔들리지 않기 위해 필요한 것은 많이 연습해 그 과제가 나에게 쉽게 느껴지고 자동적으로 나타나게 하는 '과학습(Over Learning)'인 셈이다.

잘하려는 부담을 버려라

기대주가 된 스포츠 선수나 고시생이 아니더라도 우리는 일상의 많은 일을 수행하며 더 잘하기를 기대받는다. 이전에 잘해왔을수록 그만큼을 혹은 그보다 더 나은 만큼을 해내기를 기대받는 것이다. 그렇지만 잘하려는 의욕이 너무 앞서게 되면 오히려 일을 그르치게 되는 경우가 더 많다. 부담감과 압박감으로 인해 몸이 경직되고 힘을 주지 않아야 할 때 힘을 주게 되며 마음을 다잡기가 힘들어진다.

이에 대해 14년 동안 국가 대표 공격수로 활동하며 많은 기대와 함께 질책도 받았던 황선홍 선수는 "중요한 순간에 우리의 수행에 영향을 미치는 것은 기술보다는 심리"라고 말한다. 그는 국가 대표로 뛰며 가장 많은 기대를 받은 순간에 결정적인 득점 기회를 여러 번 놓치며 엄청난 비난에 시달렸다. 잘해야 한다는 부담감에 너무 경직되어 어이없는 실책을 하게 된 것이다. 그 후에 그는 슈팅에 대한 두려움도 커졌고 대인기피증이 생길 만큼 마음의 상처도 많이 받았다고 한다.

"잘해야 한다는 부담감을 털어버리고 출전하니까 세 게임에서 11골을 넣게 되더군요."

역설적이게도 더 잘할 수 있으려면 '더 잘해야 한다'는 마음을 비워야 한다는 것이다. 그래야 과도한 긴장감을 내려놓고 제 기량을 발휘할 수 있으니 말이다.

결과에 초점을 맞추기보다 과정을 즐겨라

누군가에게 엄청나게 많은 기대를 했다가 그 기대가 결과로 이어지지 않았을 때, 기대가 채워지지 않는 만큼 실망하는 일이 우리 삶에서 자주 나타난다. 운동선수에게 기대한 만큼 성과가 나타나지 않아 실망한 팬들의 모습은 우리가 왜 수행을 하면서 실수를 두려워하는지와 관련이 있다.

잘 되기를 기대하는 마음 한편에는 잘 되지 않으면 실망하는 모습을 담고 있기에, 우리는 가끔 우리에게 많은 기대를 거는 사람들의 모습이 두렵다. 혹시 나에게 기대를 건 사람들이 실망할까봐 무서운 것이다. 기대를 한다는 것은 이런 양날의 칼과 같은 면을 품고 있다. 그래서 우리는 기대를 표현하는 동시에 그 기대가 채워지는 것과 상관없이 지지하는 마음은 변함없음을 함께 표현할 필요가 있다.

김연아 선수가 올림픽을 앞두고 있던 시점에 팬이라고 밝힌 누군가가 TV에 나와 이렇게 말했다.

"저는 잘해서 꼭 금메달 따기를 기대하지는 않아요. 그냥 지금까지 열심히 해온 이 선수가 행복하면 좋겠습니다. 결과에 상관없이 계속 응원할거니까요."

꼭 금메달 따기를 기원한다고 말한 다수의 사람들과 다른 대답이기에 매우 인상적이었다. 이는 잘 해내야 한다는 기대 때문에 부담스러워 하는 사람이나 무작정 잘 해내기를 기대하는 사람에게 의미하는 바가 크다.

지금 우리가 보이지 않는 곳에서 스포트라이트를 받을 순간을 위해 자신의 실력을 연마하고 있든, 스포트라이트 아래서 많은 사람들의 기대를 받고 있든, 누군가에게 기대를 걸고 조마조마한 마음으로 지켜보고 있든, 우리는 모두 마음을 비우고 최고보다는 최선을 향해 노력할 필요가 있다. 결과에 연연하기보다는 모든 과정을 즐기며 서로를 격려하고 행복을 나누기 위해 말이다.

프로야구팀 LG 트윈스의 투수로 활약했던 봉중근 선수도 어느 인터뷰에서 많은 사람들이 지켜보고 기대를 거는 큰 경기에서 느끼는 부담감에 대해 이런 말을 한 바 있다.

"3만 명 이상 되는 관중들이 보는 앞에서 또 태극마크를 달고 게임하는 것이기 때문에, 많은 국민들이 지켜보니까 떨릴 수밖에 없죠. 하지만 그런 것을 생각하면 너무 부담되어 게임이 안 되요. 부담에 눌리는 선수도 있죠."

기자가 질문했다.

"본인은 즐기는 편인가요?"

봉중근 선수는 이에 이렇게 대답했다.

"저는 아주 좋아해요. 야구는 제 전문 분야지만 관중들이 '와!' 하고 소리칠 때는 더 잘하고 싶어요."

"와!"하고 소리칠 때는 더 잘하고 싶고, 그 상황을 즐기기에 그는 자신의 실력을 유감없이 발휘할 수 있다는 것이다.

전 세계를 돌아다니며 수백 번의 번지 점프를 시도한 사람조차 번지 점프를 하려고 할 때마다 온 몸이 얼어붙는 것 같다고 말한다. 모든 시도에는 설렘과 긴장, 불안과 기쁨이 섞여 있다. 더 잘하라는 기대 때문에 결과에 초점을 두기보다는 과정을 즐길 수 있을 때 우리는 더 행복해지고 잘할 수도 있게 된다. 결과에 대한 기대보다는 순간순간의 과정을 즐기는 것이 그만큼 중요하다.

스페인 축구 대표팀이
승승장구한 이유

2010년 월드컵 당시 승승장구하는 스페인 축구 대표팀의 감독에게 어떤 기자가 물었다.

"아니, 어떻게 그렇게 잘 하십니까? 비결을 알려주세요!"

그러자 감독은 많은 생각을 하지 않고 이렇게 말했다.

"우리 선수들은 공이 없을 때 더 열심히 하고 더 잘하지요."

스포트라이트를 받지 않을 때 오히려 더 열심히, 더 잘하는 선수들이 이끌어가는 팀이니 잘할 수밖에 없다는 것이다.

축구 경기에서 공은 하나밖에 없으므로 찰나의 순간에 공을 차지하는 선수는 딱 한 명뿐이다. 전 세계 60억 인구가 그 선수에게 주목하고 기대하는 순간인 셈이다. 나머지 선수들은 공과 관중들의 시선이 없는 경기장 어느 한곳에서 뛰고 있을 것이다. 그 공을 뺏으려 하거나, 공이 자신에게 패스되기를 기다리거나, 날아오는 공을 막으려 하거나, 다른 선수를 견제하며 각자 맡은 자리에서 자기 일에 전념하는 것이다.

스페인 축구 대표팀 감독이 말한 비결이란 바로 이런 것이다. 스포트라이트를 받지 않은 그 순간에 더 잘하는 것, 공이 있어 모두의 시선이 자신에게 오는 순간이 아닌 주목받지 못하는 순간에도 열심히 뛰고 있는 것이 바로 막강한 팀이 된 비결이라는 것이다.

이는 축구뿐만 아니라 삶의 모든 장면에 적용될 수 있는 진리라고 할 수 있다. 지금 이 순간 자신의 전문 분야에서 스포트라이트를 받고 있는 사람들은 그렇지 않은 순간에도 열심히 한 덕분에 지금의 위치에 오르게 되었고, 지금과 같은 대단한 수행을 이 세상에 내보일 수 있게 되었다.

아직 자신의 이름을 알리지 못해 그 누구의 기대조차 받지 않는 순간을 달리고 있어서 보아주는 눈과 기대하는 마음을 받지 못하고 있다면, 그래서 힘든 시간을 보내고 있다면, 바로 이 비결을 기억할 필요가 있다. 스포트라이트를 받지 않고 있는 지금 이 시간을 묵묵히 잘 보낸다면, 큰 기대가 두 어깨에 무겁게 내려앉는 스포트라이트를 받는 순간도 진심으로 즐길 수 있다. 우리를 지켜보는 모든 사람을 수행의 억제자가 아닌 촉진자로 받아들일 수 있는 내면의 힘을 연마해왔으니 말이다.

사람을 가장 불편하게 만들고 불행으로 이끄는 유혹은
'남들도 그러니까'라는 말이다.
_레프 니콜라예비치 톨스토이

chapter *6*

기대에 맞추려고
주변의 눈치를 본다

: 동조성

탕수육을 외치기 힘들게 하는
우리 안의 동조성

TV 광고 중에 이런 장면이 있었다. 부장님이 한턱 크게 쏘기로 한날, 사원들은 즐거운 마음으로 중식집에 둘러앉았다. 돌아가면서 메뉴를 고르는데 마음 같아서는 탕수육을 먹고 싶다. 그런데 이런, 부장님이 "난 자장면!"이라고 말하자 그 자리에 있는 다른 모든 사람들이 "자장면!"을 외친다. 결국 모든 메뉴는 자장면으로 통일이 된다. 모처럼 좋았다가 말았다.

　많은 사람들은 이 광고를 보며 한편으로는 재미있어했지만 또 한편으로는 씁쓸해했다. 음식 메뉴를 고르는 상황에서조차 눈치를 살피고, 다른 사람과 통일해야 한다는 무언의 압력을 받고 있다는 사실을 다시금 깨닫게 되기 때문이다. 같은 상황 속에서 우리는 어떻게 할 것인가? "탕수육!"이라고 당당히 외칠 수 있을 것인가? 아니면 그저 눈치를 보며 풀이 죽은 목소리로 "저도 자장면"이라 말하며 말끝을 흐릴 것인가?

우리는 다양한 관계 속에서 시시각각 선택을 해야 하고 행동을 하지만 때로는 내 뜻대로 하지 못해 무언가에 가로막힌 것만 같은 느낌을 받게 된다. 내 인생인데 내 마음대로 하지 못하는 것 같아서 갑갑함을 느끼지만 그래도 어쩔 수 없다. 다른 사람과 함께 잘 살아가기 위해서는 기대에 크게 어긋나거나 튀는 행동을 하는 것은 나에게 불리하기 때문이다.

그렇게 성숙과 조화라는 미명 아래 우리 안의 '동조성'이 커져 간다. 나이를 먹어감에 따라 다른 사람 앞에서 혼자만 다른 의견과 욕망을 드러내는 것이 쉽지 않아진 것이다.

줄어든 포도주와
동조성 실험

심리학자 솔로몬 애쉬(Solomon Asch)는 아주 어린 시절 매우 신기한 착시 현상을 경험했다. 유태인들의 명절날 그는 잠깐만 기다리면 포도주가 담긴 잔을 그대로 두기만 해도 양이 줄어들 것이라는 삼촌의 얘기를 들었다. 그러자 놀랍게도 정말 포도주가 줄어든 것처럼 보였다. 그는 그날의 놀라움을 이렇게 회상한다.

"나는 삼촌에게 물었다. '누가 내 옆에 앉아 있나요? 문은 왜 열어 두는 거예요?' 그랬더니 삼촌은 이렇게 대답했다. '오늘은 선지자 이사야가 유태인들의 집을 방문해 저 잔에 든 포도주를 마신단다.' 나는 놀란 마음에 계속 물었다. '정말 와요? 저걸 마신다고요?' '자세히 보렴. 그러면 잔의 포도주가 조금 줄어든 걸 볼 수 있을 거야'라고 삼촌은 대답했고 정말 그와 같은 일이 일어났다. 나는 두 눈을 똑바로 뜨고 포도주 잔을 뚫어져라 바라보았다. 정말 포도주가 줄어들 것인지 꼭 알고 싶었기 때문이다. 그러자 정말 그런 것 같았다. 물론 확실히 알기는 어려웠지만 정말 내 눈에는 포도주 잔의 끝이 아주 조금 줄어들었던 것이다!"

몇십 년 후 애쉬는 사회심리학자가 되어 어린 시절 자신의 눈앞에서 벌어졌던 상황을 응용한 실험을 했다. 그는 다른 사람이 그렇다고 하니 정말 포도주가 줄어든 것처럼 보이고, 다른 사람이 잘못된 사실을 말해도 그에 동조하게 되는 상황에 큰 관심을 가졌다. 그 결과로 하게 된 실험이 바로 유명한 동조성 실험이다.

그는 그 실험을 통해 '우리는 왜, 언제, 자신이 원하는 것이 무엇인지 이야기하기 어려운가'를 밝혔다. 또한 그의 실험 결과는 포도주의 착시 현상이 어린 아이뿐만 아니라 동조성이 큰 성인에게도 일어난다는 사실을 말해준다.

애쉬는 길이가 다른 세 개의 선을 사람들에게 보여주고 '보기로 제시된 선의 길이와 같은 것이 무엇인지 고르라'는 과제를 사람들에게 주었다. 애쉬가 제시한 질문은 너무나 쉬운 문제라서 시력만 멀쩡하다면 누구든지 쉽게 맞출 수 있는 간단한 과제였다. 그는 실험 대상자가 혼자서 문제를 풀게 하기도 하고, 일부러 잘못된 답을 말하라는 주문을 받은 사람들과 실험 대상자가 함께 문제를 풀게 하기도 했다. 그럼으로써 다른 사람들이 말하는 정답에 동조하는 우리의 모습을 알아본 것이다.

그 결과 그는 실험에 참여했던 많은 사람들이 일부러 틀리게 대답하는 다른 사람들에게 영향을 받는다는 사실을 밝혀냈다. 아마도 실험에 참여했던 사람들은 앞 사람의 틀린 답을 들으며 혼란스러워 했을 것이다. 자신에게는 명백히 두 번째에 있는 선이 보기에 제시된 선과 같아 보이는데, 앞에서 대답했던 두 사람이 세 번째에 있는 더 짧아 보이는 선을 정답이라고 지목하고 있기 때문이다. 결국 혼자서 대답을 할 때는 99%의 적중률을 보이던 사람들이 다른 사람들의 틀린 답을 듣고 난 이후에는 63%로 적중률이 낮아졌다. 무려 36%가 틀린 답에 동조한 것이다.

누구나 이 실험에 참여했다면 역시 같은 딜레마에 빠졌을 것이다. 과연 내가 생각하는 답을 말할 것인가, 아니면 아닌 것 같아도 다른 사람의 말을 따를 것인가?

이 실험은 유명한 걸그룹 멤버 가운데 가장 매력적인 얼굴을 선택하라거나 세 개의 메뉴 가운데 가장 먹고 싶은 음식을 주문하라는 선호의 문제가 아니었다. 무상급식 법안의 찬반을 묻거나 기부금 입학제에 대한 의견을 말하라는 문제도 아니었고, 제시한

선이 얼마나 잘 보이는가를 평가하는 시력의 문제도 아니었다. 명백한 사실에 기반을 둔 지각의 문제인데도 사람들이 타인이 말한 답변을(게다가 틀린 답변을) 따라간다는 사실은 우리가 얼마나 쉽게 타인의 영향을 받는지를 잘 보여준다. 또한 이는 우리가 얼마나 타인의 눈치를 보고 사는지를 잘 보여주기도 한다.

애쉬는 이 같은 결과에 대해 다음의 두 가지 결론을 내렸다. 첫째는 사람들이 일탈로 인해 생길지 모르는 추방과 조소, 처벌 같은 부정적인 결과를 두려워한다는 것이다. 둘째는 사람들이 타인들의 기대에 부응하지 않을 수 없다고 느낀다는 것이다. 그는 실험 결과가 던지는 메시지에 대해 이렇게 덧붙였다.

"정말 똑똑하고 착실한 젊은이들에게 하얀색을 검은색이라고 기꺼이 말하게 하는 것도 불가능한 일이 아니다. 이 실험 결과는 우리의 교육 방식이 잘 되고 있는가, 또 우리의 행동을 이끄는 가치가 무엇인가에 대한 중요한 화두를 던진다."

그만큼 우리는 자신의 소신에 따라 결정하고 판단하기보다 다른 사람들의 기대에 휘둘려 맹목적으로 따르기가 쉽다는 것이다. 타인의 존재는 이처럼 우리의 행동과 선택을 어느 한쪽으로 향하게 한다. 우리는 어떤 결정을 내리거나 행동 방향을 결정할 때마다 계속 다른 사람이 어떻게 하는지 눈치를 살피게 된다.

우리는
왜 눈치를 보는가?

다른 사람의 눈치를 보고 타인의 의견에 동조하는 것은 우리 삶에서 광범위하게 일어난다. 많은 심리학자들도 이와 같은 현상에 주목했지만 그 가운데 대표적인 사회심리학자인 페스팅거는 우리의 행동을 타인과 비교하는 '사회비교 과정(Social Comparison Process)'을 거친다는 점을 말했다. 나와 타인을 비교하는 것을 통해 타인의 행동을 해석하고 자신의 행동방향을 결정한다는 것이다.

그는 우리가 눈치보고 동조하는 이유를 크게 두 가지로 설명한다. 하나는 타인에게서 어떤 행동이 옳고 적절한지 알기 위한 정보 의존 때문이고, 다른 하나는 타인의 의견을 듣는 것이 좋은 결과를 가져다주리라는 기대에 입각한 효과 의존 때문이라는 것이다. 즉 동조를 하게 되면 자신에게 이득이 되기 때문에 눈치를 본다는 것이다.

그런데 때로 우리는 이득을 위해서가 아니라 불이익을 피하기 위해 눈치를 보고 다수의 의견에 동조하기도 한다. 다음과 같은 경우를 생각해보자.

희선이는 아까부터 마음이 불편하다. 지수를 비롯한 아이들이 자신의 짝인 정민이를 괴롭히고 있기 때문이다. 희선이는 정민이에 대한 다른 아이들의 놀림과 조롱이 부당하고 비겁하다는 것을 잘 알고 있다. 그런데 어쩔 수 없다. 지금 정민이 편을 들기 위해 섣불리 나섰다가는 자신도 똑같이 놀림과 조롱을 받게 될지도 모르는 일이다.

희선이는 다른 아이들이 보지 않을 때에는 정민이에게 다정했지만, 다른 아이들과 함께 있을 때에는 쌀쌀맞게 굴거나 무시했다. 다른 아이들에게 정민이와 친한 모습을 보임으로써 집단의 암묵적 규칙을 따르지 않고 있다는 사실을 알리기 싫었던 것이다. 희선이가 속한 반에서 대다수의 아이들과 조금이라도 다르게 행동하는 것은 무척이나 어렵고 두려운 일이다.

희선이가 경험하는 불편한 마음은 '집단동조 압력(Pressure for Conformity)' 때문에 나타난다. 우리가 속한 집단에서 우리는 직접적으로 명시되거나 암묵적으로 전해지는 집단의 기대를 의식하게 된다. 특정한 행동은 장려되지만, 또 어떠한 행동은 처벌을 받게 되는 것이다.

이런 집단의 압력과 기대 때문에 우리는 때로 생각하고 느끼는 것을 자유롭게 표현하기 힘들어질 때가 있다. 어느 순간에는 명백히 잘못된 상황을 인식하면서도 집단의 압력과 기대 때문에 그대로 방치하거나 무시하게 되기도 한다. 잘못된 상황에 항의하거나 부정한 순간 자신이 손해를 보기 때문이다. 희선이가 아이들의 행동이 부당한 것을 알면서도 정민이를 위해 나서지 못했던 것처럼 말이다.

비슷한 집단이라도 어떤 집단은 동조 압력이 크고, 또 어떤 집단은 동조 압력이 작다. 같은 압력을 받더라도 어떤 사람은 동조 압력에 더 민감하게 반응하지만, 또 어떤 사람은 별다른 영향을 받지 않는다. 이유를 살펴보면 크게 다음의 다섯 가지 요인이 동조 압력에 영향을 미친다.

불확실성 - 어느 쪽이 맞는지 흔들린다

스탠리 샤흐터(Stanley Schachter)라는 학자는 우리가 눈치를 보는 상황을 다음과 같은 세 가지 이유를 들어 설명한다.

- ⊘ 의견이나 태도, 신념이 흔들릴 때
- ⊘ 자신이 설명할 수 없는 것에 대한 정보를 탐색할 때
- ⊘ 자신이 속한 집단에서 만족할 만한 정보를 얻을 수 있을 때

쉽게 판단을 내리기에 불확실한 상황일수록 우리는 눈치를 보고 집단의 의견에 동조하게 된다는 것이다. 또한 더 나아가 불확실한 상황에 처했거나, 불확실한 상황을 견디는 힘이 부족한 사람들이 쉽게 눈치를 보고 다른 사람의 말에 동조할 가능성이 크다는 것도 알 수 있다.

출생순위 — 첫째의 동조성이 높다

샤흐터는 실험을 통해 출생순위가 눈치를 보고 동조하는 특성에 영향을 미칠 가능성이 있음을 밝히기도 했다. 그의 연구 결과를 보면 맏이나 외동일수록 더 타인지향적이라고 이야기한다. 그는 맏이나 외동이 부모와 더 많은 상호작용을 했기에 타인의 기대를 더 크게 인식하고, 보통의 상황 속에서 타인과 함께 하려는 특성이 높다고 했다. 다른 학자들도 출생순위에 따라 부모의 기대와 상호작용이 다를 수 있음을 강조했다.

문화 — 집단주의인가 개인주의인가?

우리가 주로 어떤 가치를 중시하는 문화 속에서 자랐는지도 역시 동조성과 관련이 있다. 주로 사용하는 사고의 틀을 알아보기 위한 간단한 실험이 있다. 만약 누군가가 소, 닭, 풀이라는 세 개의 그림을 주고 관련 있는 것끼리 묶으라는 질문을 한다면 어떻게 대답할 것인가?

이 질문에 대개 동양 문화권에 속하는 사람은 소-풀 연합을 주로 답변한다. 반면에 서양 문화권에 속하는 사람은 소-닭 연합을 주로 선택한다고 한다. 이 대답의 차이는 관계성을 중심으로 사고하는가, 혹은 고유한 특성을 중심으로 사고하는가와 관련이 있다. 관계성을 중시하는 동양 문화권에 속한 사람들은 '소가 풀을 먹는다'는 생각에 착안해 소-풀 연합을 선호하지만, 고유한 특성을 중시하는 서양 문화권에 속한 사람들은 '소와 닭은 같은 동물이다'라는 생각에 착안해 소-닭 연합을 선호한다. 어떤 문화권에 속하는지에 따라 선택이 달라지는 것이다.

관계성을 중시하고 집단의 조화를 중시하는 집단주의 문화권에서 자라고 교육을 받았거나 응집력을 강조하는 집단에 소속되어 있을수록 동조성은 미덕으로 간주된다. 그렇기 때문에 동조성에 대한 압력은 집단주의 문화권에서 큰 편이다.

실제로 제임스 휘태커(James Whittaker)와 로버트 미드(Robert Meade)는 앞서 설명한 애쉬의 동조성 실험을 다양한 국가에서 실시해 집단의 동조율을 비교해보았다. 그들은 다른 모든 국가에서 애쉬가 얻었던 37%의 동조율과 비슷한 결과를 얻었지만(레바논 31%, 홍콩 32%, 브라질 34%), 짐바브웨에서만은 51%의 동조율이 나타난다는 사실을 알게 되었다. 아프리카에 위치한 짐바브웨에서는 불안한 정치 상황으로 인해 동조성에 대한 압력이 더 컸기 때문이다.

만약 우리나라에서 같은 실험을 실시했다면 과연 어떤 결과가 나타났을까? 시대의 변화에 따라 동조성에 대한 문화적 압력은 조금씩 달라지겠지만, 서구권 나라보다 비서구권 나라의 동조율이 더 크게 나타나지 않을까 하는 예상을 해본다. 다른 학자들도 유럽과 미국 문화에서 강조하는 가치와 아시아나 비서구권 문화에서 강조하는 가치를 대조하며, 아시아나 비서구권 문화에서 동조성이 더 높게 나타날 가능성을 이야기한다. 각 문화마다 강조하는 가치가 다르기 때문이다.

예를 들어 유럽과 미국 문화는 '스스로의 양심을 따르라', '스스로에게 진실하라', '각자의 사생활을 존중하라'와 같이 집단보다는 개인의 가치를 더 중시하는 모습을 보인다. 반면 아시아와 비서구권 문화에서는 '집안을 명예롭게 하라', '전통을 존중하라', '어른을 공경하라'와 같이 개인보다는 집단을 더 중시하는 모습을 보인다.

애쉬의 실험 속 참여자들이 대개 집단을 따르기보다는 개인이 추구하는 가치를 더 중시하는 개인주의 문화권에서 자라고 행동해 온 사람들이었음을 감안한다면, 동조성의 압력은 때로 그 문화권에서 강조하는 가치를 거스를 만큼 강력하다는 사실을 알 수 있다. 스스로 눈치를 자주 보거나 쉽게 동조한다면 내가 속한 문화권에서 강력한 힘을 발휘하고 있는 수많은 메시지를 들여다보자. 그 가운데 내 마음속에 가장 강력하게 자리 잡혀 있는 메시지가 무엇인지 잘 살펴볼 필요가 있다.

성역할 정체성 — 남성성과 여성성

동조성에 대한 연구를 했던 연구자들은 한 가지 특성이 일관적으로 깊은 관련이 있다는 사실을 발견했는데 그것은 바로 성별 (Sex)이었다. 그들은 모든 실험 속에서 여성들이 남성들보다 높은 동조성을 보인다는 사실을 알게 되었는데, 후에 다른 연구자들은 이를 통해 '여성이 동조성이 높다'고 단정을 짓는 것은 옳지 않다고 반론했다. 왜냐하면 양성평등 운동이 뿌리를 내렸으며 여성적이거나 남성적인 성역할 특성에 대한 연구가 이루어진 1970년대 이후로는 여성들의 동조성이 급격히 떨어졌기 때문이다.

남성과 여성의 두 가지 특성을 모두 가진 양성성(Androgyny)에 대한 연구를 했던 대표적인 학자인 산드라 벰*(Sandra Bem)은 여성이 사회에서 길러지고 자신을 표현하도록 기대되는 방식에 따라 그들의 성격적 특성이 영향을 받는다고 주장했다. 즉 동조성에는 성별이 중요한 요소라기보다는 성역할 정체감(Sex Role Identity)이 중요한 요소라는 것이다.

남성적 성역할 정체감 문항	여성적 성역할 정체감 문항
과묵하다. 믿음직스럽다. 결단력이 있다. 대범하다. 근엄하다. 지도력이 있다. 의리가 있다. 모험적이다. 야심적이다. 박력이 있다. 독립적이다. 의지력이 강하다. 씩씩하다. 집념이 강하다.	상냥하다. 부드럽다. 섬세하다. 어질다. 온화하다. 다정다감하다. 순종적이다. 얌전하다. 따뜻하다. 감정이 풍부하다. 차분하다. 유순하다. 싹싹하다. 알뜰하다. 꼼꼼하다. 깔끔하다. 친절하다.

* 산드라 벰이 제안한 성역할 정체감 문항

우리 사회에서 '여성적이다'라고 보는 많은 특성들은 동조성과 관련된 특성에 가깝다. 그렇기 때문에 단순히 생물학적인 성별보다는 사회가 규정하는 성역할 특성을 얼마나 동일시하며 받아들이고 나타내는가가 동조성에 영향을 미친다는 것이다.

이 표는 벰이 제시한 성역할 척도(BSRI, Bem Sex Role Inventory) 문항이다. 그녀는 문항의 점수를 합산한 뒤 점수에 따라 성역할 정체감을 세 가지(여성적, 남성적, 양성적)로 분류했다.

종합하자면 우리가 집단주의 문화권에서 자랐으며, 동조성이 높은 성격 특성을 가진 데다가, 여성적 성역할 정체감을 가지고 있는데, 때마침 집단 응집력을 중시하는 집단에 소속되어 있다면, 우리는 더 자주 눈치보고, 타인의 반응에 더 민감해질 가능성이 크다. 그럴 때에는 모두가 "네!"라고 할 때 홀로 "아니오!"라고 대답하거나 모두가 자장면을 시킬 때 홀로 짬뽕을 시키는 것도, 모두가 오답을 말할 때 홀로 정답을 말하기도 어렵다.

동조성,
이럴 때 문제가 된다

지금까지 우리는 다른 사람의 눈치를 보고, 타인의 기대를 의식한 나머지 명백한 오답을 말하는데도 그대로 따라 말하는 우리 안의 동조성을 살펴보았다. 동조성은 우리에게 다양한 이득을 주고 처벌로부터 보호해주는 면이 있다. 동조함으로써 우리는 사회적 승인을 받게 되고, 불확실성 속에서 헤매기보다 삶의 방식이나 신념에 대한 확신을 얻게 된다. 더구나 개인의 동조성은 한 사회가 원만하고 조화롭게 진행되는 데에도 긍정적인 영향을 미친다. 그 때문에 우리는 자라면서 동조성을 강조하는 이야기를 자주 듣게 된다.

동조를 하다보면 안 되는 것들이 참 많다. 자기주장을 너무 강하게 해서도 안 되고, 다른 사람들 앞에서 내 욕심만 차려서도 안 되며, 너무 튀는 행동을 해서도 안 된다고 들었다. 그러는 바람에 어떤 때에 우리의 마음은 자신의 마음을 향하기보다 타인의 마음에 촉각을 곤두세우게 된다.

다른 사람들이 기대하는 것이 무엇인가를 지나치게 고려하느라, 내 뜻을 자유롭게 펼치지 못하고 제한받는다는 느낌을 받는다. 분명한 불의에도 저항하지 못한 채 침묵하게 되기도 한다. 진로나 배우자를 선택하는 일생의 선택은 물론이고 사소한 일상의 선택 앞에서조차 왠지 머뭇거리고 작아지는 것만 같다. 우리 안의 잠재성과 야심이 타인의 기대에 가로막혀 제 목소리를 내지 못하는 것이다.

동조성은 적어도 세 가지 면에서 문제가 된다. 첫째는 잘못된 것이 분명한 오류마저 정보라고 인식하게 될 수도 있게 된다는 것이고, 둘째는 이것이 오류임을 알고 있을 때조차 침묵하게 된다는 점이다. 마지막으로는 침묵을 고수하다보면 내면의 목소리를 내지 못하게 된다는 것이다.

진실 앞에 침묵하게 된다

진실 앞에 침묵하게 되는 지나친 동조성의 문제를 잘 드러내는 두 가지 이야기가 있다. 이 두 이야기는 모두 임금님이라는 절대 권력과 절대 진리에 대한 지나친 동조성이 어떤 결과를 가져오는 가를 잘 보여주고 있다. 그 중 하나인 동화 「벌거벗은 임금님」을 살펴보자.

「벌거벗은 임금님」은 허영심 많은 임금님이 사기꾼들에게 속아 백성들 앞에서 벌거벗은 채 행진을 하게 되는 이야기다. 사기꾼들은 '오로지 훌륭한 사람들 눈에만 보이는 옷'이라는 단서를 걸고, 존재하지 않기에 보이지 않는 것이 당연한 옷을 '보인다'고 동조하게 만든다.

임금님을 비롯한 모든 사람들은 그 옷이 보이지 않았지만 혼자만 눈에 보이지 않는다고 말하면 훌륭하지 않은 사람으로 낙인찍힐까봐 두려워 진실을 말하지 못했다. 모든 사람들이 타인의 허세와 위선에 동조했기 때문에 사기꾼들은 있지도 않은 옷에 대한 후한 사례를 받고 유유히 그 나라를 빠져나갈 수 있었다.

모든 사람들이 속옷만 입고 거드름을 피운 채 행진을 하는 임금님을 보며 찬사를 보냈지만 오직 한 아이만은 그를 보며 웃었다. 결국 임금님이 벌거벗은 채 행진을 하고 있다는 사실을 어리고 순진하기에 무엇에 동조해야 하는지 아직 배우지조차 못했던 아이가 밝혀낸 것이다.

아이는 세상 물정을 잘 몰랐기에 동조하지 않았고, 동조하지 않았기에 진실을 볼 수 있었으며, 또한 동조하지 않았기에 진실을 말할 수 있었다. 우리가 더 많이 안다고 해서 진실을 볼 수 있으며 진실을 말할 수 있는 것은 아니다. 오히려 더 많이 알기에 거짓 뒤에 숨게 되는 경우도 있는 것이다.

내 안의 목소리를 잃게 된다

동조성의 문제를 드러내는 또 다른 이야기는 「임금님 귀는 당나귀 귀」라는 동화다. 이 이야기에서 당나귀 귀는 임금님에게 절대 권력자의 콤플렉스이자 감추고 싶은 흉한 모습이다. 그래서 그는 모든 사람 앞에서 귀를 감추기 위해 각고의 노력을 한다. 하지만 딱 한사람 이발사에게만은 그 귀를 보여줄 수밖에 없다. 머리를 잘라야 하기 때문이다.

이발사는 임금님의 귀를 보고 충격을 받는다. 그렇지만 그는 자신이 알고 있는 사실을 절대로 발설해서는 안 된다. 충격적인 사실을 알고도 침묵할 수밖에 없고, 결코 발설하지 못할 비밀을 간직하게 된 그는 시간이 갈수록 갑갑해 미칠 것만 같았다. 그래서 결국 대나무 숲에 가서 "임금님 귀는 당나귀 귀!"를 외쳤다.

그런데 대나무 숲 역시 그 비밀을 말하지 않고는 못 배기겠던지 바람이 불 때마다 "임금님 귀는 당나귀 귀"를 외쳐 진실을 드러냈다고 한다.

이 이야기는 우리가 아는 것에 대해 침묵을 강요받을 때 어떤 갑갑증이 생기는지 상징적으로 보여준다. 자신이 생각하고 느끼는 것에 대해 말하지 못한다면, 자신의 언어로 사는 것이 아니라 타인의 언어로 사는 것이나 마찬가지다. 자신의 언어로 말하지 못하는 삶 속에서 우리는 진정한 자신의 삶을 살고 있다고 느끼기 어렵다. 타인의 기대에 억눌려 스스로를 소외시키게 되는 것이다. 동조의 압력에 눌려 침묵을 강요받아 우리 안의 목소리가 반복적으로 억눌릴 때 우리는 어떻게든 말할 통로를 찾고 싶어한다. 억압된 것은 반드시 드러나기 마련인 것이다.

반항하는 청개구리가 될 수도 있다

다양한 기대들 사이에서 협상을 해내고 조정을 해나가는 우리 안의 힘이 부족할 때 우리는 두 가지 모습을 보인다. 하나는 동조하지 않아도 될 상황 속에서 과도하게 동조하고, 집단에서 배척당하지 않기 위해 끊임없이 눈치보고 노심초사하는 모습이다. 다른 하나는 일부러 다른 사람들의 기대에 반하는 방식으로 행동을 하는 '저항(Reactance)'이다.

이처럼 어떤 사람들은 기대에 그대로 따르지만 어떤 사람들은 누군가가 조금이라도 자신에게 동조의 압력을 가하면 더 민감하게 반응하며 자신의 자유를 보호하고 싶어한다. 때로는 부모의 일상적인 조언이나 교사의 지도에 일부러 따르지 않고 청개구리처럼 딴죽을 거는 모습도 보인다.

몇몇 학자들은 이를 '부메랑 효과(Boomerang Effect)'라 이름을 붙이기도 했다. 하려고 했던 일인데 갑자기 누군가가 나타나 "너 이렇게 해!"라고 말하면 그 일이 하기가 싫어졌던 경험이 있을 것이다. 부메랑 효과는 우리의 자율성을 인정하지 않고 지나치게 동조성을 강요받을 때 나타날 수 있는 모습이다.

동조성, 어떻게 바라봐야 할까?

6장에서 우리는 동조성의 부정적인 면을 집중적으로 살펴보았다. 그런데 동조성에는 부정적인 측면만 있는 것이 아니다. 우리는 적절한 때에 다른 사람의 기대에 맞춰 동조할 수 있어야 집단과 조화를 이루며 살 수 있다. 그런 면에서 학자들도 동조에 영향을 미치는 요인을 크게 두 가지로 나누어 살펴보았다.

첫째는 '규범적 영향(Normative Influence)'이다. 규범적 영향은 타인의 기대에 부응하기 위해 동조하는 것을 말한다. 보통 다른 사람의 인정을 받기 위해 동조하거나 인정을 받지 못할까봐 두려워 나타나는 것이다.

둘째는 '정보적 영향(Informational Influence)'이다. 정보적 영향

은 다른 사람이 제시하는 현상황에 대한 증거를 받아들여 동조하는 것을 말한다. 이는 우리가 언제 동조하고, 언제 동조하지 말아야 하는지에 대한 실마리를 제공해준다. 다음과 같은 경우를 생각해보자.

친구들과 모인 자리에서 혜성 씨는 베트남 쌀국수가 먹고 싶다. 누군가가 "우리 피자 먹으러 갈까?" 하고 외치자 다른 친구가 "좋지!" 하고 맞장구를 친다. 속으로는 베트남 쌀국수를 먹으러 가자고 이야기하고 싶지만, 모두 피자를 먹으러 가려고 하는 듯해 왠지 이 분위기를 깨면 안될 것 같다.

잠시 망설이던 그가 "그래? 나 어제 피자 먹었는데. 베트남 쌀국수는 어때?"라고 말하자 다른 친구들은 "그래?" 하며 잠시 생각하는 표정이지만, 그래도 여전히 피자를 먹으러 가자고 한다. 왜냐하면 그 근처에는 베트남 쌀국수집이 없고 대다수가 피자를 원하기 때문이다. 혜성 씨도 이제 더이상 쌀국수를 먹으러 가자고 말하지 않고 흔쾌히 친구들과 피자를 먹으러 간다. 이런 혜성 씨의 모습은 동조적인가?

만약 혜성 씨가 다른 친구들의 분위기를 깨고 싶지 않은 마음에 애초부터 자신의 의견을 제시하지 않고 친구들과 억지로 피자를 먹으러 간다고 생각한다면, 그의 동조성은 그에게 부정적인 영향을 미칠 것이다. 그렇지만 근처에 베트남 쌀국수집이 없고 친구들이 모두 피자를 원한다는 사실을 그가 판단을 내려야 하는 정보로 받아들인다면, 그 동조성이 그에게는 '현명한 선택'이 된다. 다른 사람의 기대에 맞추기 위해 무작정 자신이 원하는 것을 숨긴 것도 아니고, 다수의 의견에 휩쓸려 간 것도 아닌, 협상하고 선택해 나타난 동조적인 행동이기 때문이다.

앞으로 우리가 삶에서 자주 마주치게 될 선택의 딜레마에 대해서도 같은 방식으로 풀어나갈 필요가 있다. 무조건 동조하는 것도, 무조건 동조하지 않는 것도 문제가 될 수 있다. 어떤 이유로 어떤 과정을 통해 동조했고 그 행동이 나에게 무엇을 의미하는지 되새겨본다면, 나의 자율성을 지키는 동시에 다른 사람과 조화롭게 살아갈 수 있게 될 것이다.

언제나 조화로운 화음과 리듬을 유지할 수 있는 것은 아니겠지만 충분히 노력해볼 필요는 있다. 진정 건강한 사람은 집단의 조화를 지키면서 나에게 기대되는 일을 하고, 그 안에서 내 목소리를 낼 줄 아는 사람이기 때문이다.

KEEP CALM
AND
CARRY ON

나의 가치는 내가 선택한 것이다.
매일매일 내가 선택하고 생각하고
행동하는 것에 따라 나의 가치가 형성된다.
_ 헤라클레이토스

chapter *7*

타인의 기대로
나를 보며 위축된다
: 자기 대상화 이론

외모에 민감한 사람의
피곤한 하루

국내 유수의 화장품 회사에 다니고 있는 진영 씨는 최근에 마음이 심란하다. 일을 시작한 지 7년 째 되는 그녀는 다른 친구들보다 직급도 높고 회사도 잘 다니고 있지만 외모에 대한 고민이 심해서 걱정이다.

회사에 처음 입사하던 이십 대 중반 시기만 해도 진영씨는 외모에 대해 자신감이 넘쳤다. 주변에서 아나운서나 승무원이 되라고 추천할 정도로 빼어난 미모에 밝은 미소를 자랑했었지만 시간은 참 빨리 지나갔다. 바쁘게 회사 생활을 하다 보니 어느 순간 이십 대가 지나 삼십 대가 찾아왔고, 잦은 야근과 불규칙적인 생활을 반복하다보니 자신의 트레이드 마크였던 밝은 미소도 얼굴에서 사라졌다.

그녀는 겉으로는 당당하고 쿨한 척하지만 새로 입사한 예쁜 여

사원들을 보면 마음속으로는 왠지 모르게 씁쓸해진다. 그녀는 언제나 다른 사람들이 자신의 외모를 어떻게 평가할지 불안해했고, 그런 이유로 두 번의 성형수술을 감행하기도 했다. 그런데 너무 많은 기대를 걸었던 탓인지 그녀는 수술을 하고도 크게 만족스럽지 않았다. 오히려 거울을 볼 때마다 수술 자국이 더 선명하게 보이는 것 같아 기분이 상한다. 이제는 '다른 사람들이 수술했다는 것을 알아보겠지' 하는 마음에 더 우울해졌다. 수술이 만족스럽지 못해 또 다시 수술을 하고 싶은 마음이 들기도 한다.

우리사회에는 진영 씨처럼 아름다움이라는 가치를 너무 중시한 나머지 외모에만 집착하는 사람들이 많다. 아름다움에 대한 욕구는 인터넷과 사진 기술, 미용산업과 성형 기술의 발달을 등에 업고 마치 종교와 같은 강력한 위력을 떨치고 있다. 이는 특히 여성들 사이에서 더 강력한 영향력을 발휘한다. 사회가 여성의 아름다운 몸에 큰 관심을 쏟고 있기 때문이다.

역사상 수많은 여성들이 아름다운 몸을 만들기 위해 위험천만한 행동을 감수해왔다. 자신을 드러내고 확장시키기 위한 방법으로 외모 외에는 다른 권력의 통로가 없었던 시대에 이런 집착은 위험했다. 이를 보여주는 가장 대표적인 예가 코르셋이다.

빅토리아 시대에 많은 귀부인들은 연회에 참석했다가 하얗게 질려 졸도하기 일쑤였다. 그 당시 가장 유행하고 선망받는 개미허리를 만들기 위해 자신의 허리를 너무 꽉 조여맸기 때문이다.

그들은 개미허리를 연출하기 위해 다양한 재료를 이용해 코르셋을 만들었는데, 특히 고래 뼈를 이용한 코르셋은 개미허리를 만드는 데 무척 효과적이었다. 고래 뼈를 이용한 코르셋으로 한 팔에 쏙 들어오는 개미허리를 연출하는 데 성공한 그 시대의 여성들은 밥을 먹는 것은 고사하고 숨을 쉬는 것조차 힘들었다. 두 개씩 나란히 있어야 할 내장 기관들이 일렬로 늘어서게 되어 극심한 통증을 동반한 질병을 야기했기에 졸도를 하는 일이 비일비재하게 나타났고, 생명의 위협을 받는 사람도 있었다. 그럼에도 여성들은 다른 사람들이 여성의 몸에서 기대하는 아름다운 실루엣을 선사하는 코르셋을 포기하지 못했다고 한다.

코르셋뿐만 아니라 여성이 착용하는 많은 도구와 용품들은 엄청난 불편을 야기하고, 건강에 치명적인 해를 입히고, 생명을 위태롭게 하기도 한다. 그런데 그 모든 불편과 위험을 감수하고라도 여성들은 아름다워지기를 원하고, 아름다움에 집착한다. 생명이 위협받는 상황이라도 사회가 아름다움을 기준으로 보상하거나 처벌하며 기대하기 때문이다.

현대에 와서는 남성들도 자신의 외모에 대한 타인의 기대와 시선을 예전보다 더 강하게 느끼며 이에 얽매이고 있다. 성형 수술을 하거나 미용 관련 제품에 많은 투자를 하는 사람들이 늘어나고 있고, 초콜렛 복근을 만들기 위해 헬스장에서 땀을 뻘뻘 흘리며 운동하고 단백질 보충제를 꼬박꼬박 챙겨 먹는 남성들이 점점 늘어나고 있다. 이는 남성들 또한 아름다움과 매력적인 외모에 대한 사회적 기대를 크게 의식하기 때문이다. 그렇다면 우리는 왜 이토록 외모에 집착하며 민감한 것일까?

우리가 외모에
민감해지는 이유

현대사회로 오면서 우리는 이전보다 더 복잡하고 미묘하며 강력한 시선의 폭력에 노출되어 있다. '누군가 나를 지켜보고 있다'는 사실을 의식할 때 우리는 누구나 불안해질 수밖에 없다. 이런 불안은 우리의 행동과 마음을 쉽게 장악한다.

바라보는 시선이 노골적이거나 평가적일수록 우리는 더 큰 불안감을 느끼게 되고, 그 시선에 담겨 있는 기대가 변덕스럽거나 모호할수록 더 큰 혼란에 빠지게 된다. 평가가 긍정적이든 부정적이든 우리는 그 시선의 영향력 아래 놓이기 쉽다. '바라보는 사람'은 심리적으로 더 큰 권력을 얻게 되는 반면에 '바라봄을 당하는 사람'은 심리적으로 취약해지는 것이다.

외모에 민감한 반응을 보이는 진영 씨의 모습은 심리학자 프레드릭슨(Barbara Fredrickson)과 로버츠(Tomi-Ann Roberts)가 내세운 '자기 대상화 이론(Self Objectification theory)'으로 설명할 수 있다.

자기 대상화란 자신을 제삼자의 눈으로 바라보고, 자신에 대한 타인의 관점을 중시하는 것을 의미한다. 그들은 자기 대상화 이론을 통해 우리가 외모에 대해 더 민감하게 의식하고 자신의 모습을 제삼자의 관점에서 살피고 관찰할수록 우울이나 불안, 섭식 장애와 같은 심리적 문제를 경험하게 될 가능성이 크다고 보았다.

그들의 이론을 보면 외모를 중시하는 사회적 분위기가 젊은 여성들과 외모에 민감한 사람들의 심리를 얼마나 취약하게 만드는지 알게 된다. 타인을 더 많이 의식할수록 자신의 외모에 대해 자신감이 없어지고, 다른 사람 앞에 나서는 것이 부끄러워지기 때문이다. 자기 대상화가 무엇인지를 알아보기 위해 다음 문항들을 잘 살펴보고 내가 해당하는 문항이 무엇인지 생각해보자.

⊘ 나는 내 외모가 어떻게 보이는지에 대해 신경을 많이 쓴다.

⊘ 내 옷이 나에게 편안한지보다 내게 잘 어울리는지가 더 중요하다.

⊘ 나는 다른 사람의 외모와 나의 외모를 자주 비교한다.

⊘ 하루 종일 내 외모가 어떻게 보이는지 생각하는 일이 잦다.

⊘ 나는 내가 입고 있는 옷들이 나에게 잘 어울리는지 자주 생각한다.

⊘ 내 외모가 다른 사람들에게 어떻게 보일지 자주 걱정한다.

위의 문항들은 공통적으로 다른 사람 앞에서 자신의 외모를 얼마나 의식하는가를 보여준다. 문항에 대해 긍정적으로 대답하고 자신의 신체를 의식하는 정도가 클수록 자기 대상화 수준이 높다고 할 수 있다.

자기 대상화 이론은 매력적인 외모에 대한 사회의 기대가 우리에게 어떤 영향을 미치는지 잘 말해준다. 우리사회는 특히 젊은 여성들의 매력적인 외모를 강조하고, 데이트는 물론이고 취업이나 전반적인 인간관계에서조차 아름다운 외모가 도움이 된다고 강조한다. 또한 외모 때문에 부정적인 평가를 받고 좋지 않은 경험을 하기도 한다.

이런 사회적 분위기 속에서 자라고 교육을 받다보면 외모에 대한 압력을 느끼지 않고 살기란 사실상 불가능하다. 사회가 젊은 여성들의 매력적인 외모를 중시하고 예쁘기를 기대한다면, 여성들은 주관적인 관점으로 자신을 바라보기보다는 타인의 눈으로 자신의 외모를 바라보고 평가하며 위축될 가능성이 커진다.

진영 씨는 누구를 만나도 '저 사람이 나를 어떻게 볼까'라는 생각을 하며 자신의 외모를 의식하고 쉽게 위축되었다. 그 누구도 그녀에게 "예뻐야 해"라고 직접적으로 말한 적은 한 번도 없었다. 하지만 그녀가 자라고 생활하는 과정에서 목격한 외모와 관련된 이익과 불이익의 차이는 엄청났다.

그런 과정 속에서 진영 씨는 우리사회가 품고 있는 매력적인 외모에 대한 기대가 얼마나 강력한지 피부로 느꼈던 것이다. 그러다 보니 많은 것이 아름다움의 관점에서 설명이 되고 해결되는 것처럼 느껴진다. 그래서 그녀는 아름다움을 잃은 자신의 외모가 모든 심리적 문제의 원인이라고 생각하고, 성형수술이 자신의 우울하고 위축되는 마음을 해결해줄 것이라 믿었던 것이다.

수치심이
마음의 병을 불러온다

자기 대상화 수준이 높으면 마음이 위축되는 일이 잦아지는데, 이것이 마음의 문제를 불러오는 결정적인 이유는 우리가 자신의 외모를 과도하게 의식하며 수치심을 느끼기 때문이다. 우리가 지나친 자기 대상화를 나타내며 자신에 대해 수치심을 느낀다면, 우리의 마음은 이런저런 정신병리에 취약해진다. 폭식증에 시달리는 선화 씨의 이야기를 살펴보자.

선화 씨는 오늘도 체중계 앞에 서서 한숨을 쉰다. 그녀는 몇 년째 꾸준히 다이어트 중이지만 몸무게는 오히려 며칠 전보다 늘어났다. 메이크업 아티스트인 그녀는 일을 시작한 이래 꾸준히 몸무게가 늘었다. 본래부터 체격이 큰 편이어서 사람들을 대하는 일을 하면서 쉽게 기분이 상하곤 했다. 특히 그녀의 몸과 관련해 농담을 듣거나 지목을 받을 때면 어디론가 숨고 싶은 기분이었다. 자신은 왜 이렇게 예쁘지도 않고 늘씬하지도 않은 모습으로 태어났는지 부모님이 원망스럽다. 그래서 자신을 사랑하기가 더 어렵다는 생각이 든다.

선화 씨는 자신의 모습이 전혀 마음에 들지 않았고, 언제부턴가 스트레스를 받을 때면 많이 먹기 시작했다. 그러면서 스스로가 더 망가지는 것만 같다는 생각도 든다. 사소한 농담 한마디에도 상처 받고 힘들어하지만 그 누구에게도 표현하지 못한다. 그랬다가는 자신이 더 초라하게 느껴질까봐 두렵기 때문이다.

선화 씨의 폭식증은 수치심에 뿌리를 두고 있다. 타인의 관점으로 자신을 바라보며 수치심을 느끼는지 그렇지 않은지가 심각한 마음의 문제를 불러오거나 그렇지 않은 것을 결정하는 중요한 관건인 셈이다.

다음 문항들에 비춰 나 자신을 살펴본다면 신체 수치심이 어느 정도인지 가늠해 볼 수 있을 것이다.

- ✅ 체중조절을 잘 할 수 없을 때 나는 내가 잘못된 것처럼 느껴진다.
- ✅ 내 외모가 근사하지 않을 때 부끄러운 마음이 든다.
- ✅ 다른 사람이 내 몸무게를 안다면 창피할 것이다.

◉ 내가 필요한 만큼 운동을 하지 않을 때 스스로 잘못되었다고
느낀다.

◉ 내 몸의 사이즈가 내가 정한 범위에서 벗어날 때 창피함을
느낀다.

외모에 대해 얼마나 의식하는지도 중요하지만, 외모를 의식하면서 스스로의 외모에 대해 수치심을 느낄 때 우리의 마음은 더 힘들어진다. 실제로 자신의 외모에 대해 수치심을 느끼는 사람들은 우울증이나 거식증, 폭식증, 그리고 다른 여러 심리 문제를 보일 가능성이 크다.

저 사람은 날 어떻게 평가할까,
공적 자기의식

앞서 설명한 자기 대상화에서는 주로 여성들의 외모에 대한 기대와 그에 따른 심리적 취약성을 설명하고 있다. 하지만 제삼자의 관점으로 자신을 볼 때 위축되는 것은 외모에 관련된 행동뿐만 아니라 우리가 어떤 행동을 하든 타인의 기대를 예민하게 느끼고, 그럼으로써 심리적으로 취약해질 수 있음을 설명해주기도 한다.

프레드릭슨과 로버츠가 주목했던 심리적 문제는 여성들이 더 취약한 모습을 보이는 우울증과 섭식장애였고, 그들은 '저 사람이 나의 외모를 어떻게 볼까?'라는 걱정이 여성의 외모에 대한 과도하고 높은 사회적 기대 때문에 나타난다고 보았다. 우리는 외모뿐만 아니라 자신의 말과 행동, 태도에 대해 스스로 검열하고 눈치 보며 마음이 위축되기도 한다. '저 사람이 나를 어떻게 평가할까', '저 사람은 나에게 어떤 것을 기대할까?'라고 생각하면서 초조해지는 것이다.

이렇게 다른 사람이 나를 어떻게 볼지에 대해 자주 전전긍긍하게 된다면, 우리는 '공적 자기의식(Public Self Consciousness)'의 관점에서 나 자신을 살펴볼 필요가 있다. 공적 자기의식은 제삼자의 관점으로 자신을 바라보고 관찰하고 평가하고 의식하는 것을 말한다. 외모의 자기 대상화에서 확장된 개념이라고 할 수 있다. 다음과 같은 경우를 생각해보자.

윤 대리는 윗사람들 앞에만 가면 할 말도 못하고 바짝 긴장하게 되는 자신이 싫다. 그는 특히 최 부장 앞에서 더 긴장하고 노심초사하게 된다. 최 부장은 상대방의 기분은 생각하지 않고 생각나는 대로 직설적으로 말하는 것으로 소문난 사람이다. 최 부장의 본래 성격이 그렇다는 것을 알고 있지만, 윤 대리는 다른 사람이 나를 어떻게 보는지에 대해 더 민감한 편이었다. 그래서 그는 언제나 최부장의 말 한마디 한마디에 크게 마음을 썼다. 그렇게 마음을 졸이며 최 부장이 자신을 어떻게 평가하고 있을지 자꾸만 신경을 쓰다 보니 회사에 있는 시간이 너무 불편하고 힘들다. 지금 당장이라도 회사를 뛰쳐 나가고 싶을 정도다.

의식할 필요가 없다는 걸 빤히 알지만 그럼에도 자꾸만 의식하게 되는 불편한 상황과 대상이 있다. 나는 어떤 상황과 어떤 사람 앞에서 자신의 모습과 말과 행동을 의식하면서 스스로를 힘들게 하는가? 혹시 지금도 그런 상황, 그런 사람 앞에 있는 것은 아닌가? 공적 자기의식이 강한 사람일수록 사람들 앞에서 쉽게 위축되고 자신의 의견을 자연스럽게 내놓는 것을 힘들어 할 가능성이 크다. 다른 사람을 지나치게 의식하기 때문이다.

공적 자기의식에 대해 이해하고 나 자신의 공적 자기의식 정도를 알아보기 위해서는 앞에서 살펴보았던 자기 대상화 문항들을 이렇게 고쳐 살펴볼 수 있다. 이 가운데 나에게 해당하는 문항에는 어떤 것이 있는지 살펴보자.

- 나는 내가 어떻게 보이는지 신경을 많이 쓴다.
- 나에 대한 스스로의 평가보다는 다른 사람의 평가가 더 중요하다.
- 나는 나와 다른 사람을 자주 비교한다.
- 하루 종일 다른 사람이 나를 어떻게 평가할지 생각하는 일이 잦다.

- 나 스스로를 의식하느라 일이나 대화에 집중을 못한다.
- 내가 다른 사람들에게 어떻게 보일지 자주 염려한다.

자기 대상화와 마찬가지로 공적 자기의식 수준이 높을수록 우리의 마음은 쉽게 위축되고 쪼그라들며 불안해 할 수밖에 없다. 다른사람에게 어떻게 보이는지 신경 쓰다 보면 자신의 뜻에 따르기보다 남이 기대하는 모습 안에 자신을 가두기 쉽기 때문이다. 무언가를 할 때마다 누군가가 나를 주시하고 있다고 생각하면 얼마나 불편하고 갑갑하겠는가?

훌륭하고 성공적인 사람이 되고 다른 사람과 원만한 관계를 유지하기 위해서는 어느 정도 타인을 의식하고 공적 자기의식이 필요할지도 모른다. 하지만 내 행동의 중심이 내가 아닌 다른 사람에게 향해 있다면 우리는 자유롭고 편하게 자기표현을 하지 못하고 타인의 평가에 쉽게 휘둘리게 된다. 그럼으로써 나의 행동이 아니라 다른 사람의 행동이 될 위험성이 있다.

특히 사람들의 관심과 시선이 집중되는 유명 인사나 겉으로는 성공적인 사람들 사이에서 이런 공적 자기의식이 더 크게 나타날 가능성이 크다. 이들은 다른 사람의 반응을 자주 의식하고 여러 사람의 기대를 들어주어야 하는 만큼 속마음과는 다른 행동을 해야 할 때가 많다. 그래서인지 우리는 잊을 만하면 연예인들이나 유명 인사들의 자살 소식을 접하게 되기도 한다. 겉으로 드러나는 밝고 성공적인 모습과는 달리 매 순간 다른 사람을 의식하며, 자신의 진실한 모습 그대로 행동할 수 없어 갑갑했던 마음이 극단적인 선택을 통해 드러나는 것이다.

모두가 날 바라보는 것 같아, 상상 속의 청중

사회적으로 기대를 받는 유명 인사가 아니더라도 누구나 타인의 기대를 과도하게 의식하면서 심리적으로 위축된 경험이 있다. 사람에 따라 성격적으로 타인의 기대에 더 예민하고 민감한 사람도 있고, 시기적으로 타인의 기대에 더 예민하고 민감할 때도 있다. 특히 사춘기에 이런 경험을 자주 하게 된다.

사춘기에는 자의식이 발달하고 자신에 대한 다른 사람의 관점에 대해 예민해지는 시기다. 이 시기에 우리를 힘들게 하는 자의식의 영향과 관련이 있는 현상이 '상상 속의 청중(Imaginary Audience)'이다. 언제 어디서나 누군가가 나를 지켜보고 주시하고 있다는 비합리적이고 비현실적인 생각 때문에 스스로 마음의 감옥에 갇히는 것이다. 그러면 우리는 과도하게 타인을 의식하게 되어 행동이 부자연스러워지고, 작은 일에 오랫동안 매달리며 고민하게 된다. 지훈이의 상상 속 청중을 살펴보자.

올해 고등학생이 된 지훈이는 삼십 분 내내 머리만 만지작거렸다. 친구들과 시내에서 만나기로 했는데 머리에 왁스를 발랐지만 영 마음에 들지 않는 것이다. 왁스를 바르고 제대로 머리 손질을 원하는 대로 하는 것은 때로 어려운 수학 문제를 풀어내는 것보다 더 힘든 과제였다. 마음에 들지 않아서 어쩔 수 없이 머리를 다시 감았지만 역시 뜻대로 되지 않았다.

머리를 만지작거리느라 많은 시간을 보낸 지훈이는 서둘러 옷을 입고 밖으로 나갔지만, 버스 정류장에 도착해서도 머리가 신경이 쓰여 아무래도 견딜 수가 없다. 머리뿐만 아니라 옷도 더 신경 써서 입고 나왔어야 했나 싶다. 지나가던 여학생이 슬쩍 그와 눈이 마주쳤는데 왠지 머리가 별로라고 생각하는 것 같고 옷도 유명 브랜드가 아니라서 기분이 나빠진다. 그는 고민한다. '집으로 가서 머리를 다시 하고 옷을 갈아입어? 말아?'

사실 지훈이가 머리를 다시 하고 옷을 갈아입고 나온다고 해도 크게 달라지는 일은 없다. 지훈이와 눈이 마주쳤던 여학생은 지훈이의 머리가 어땠는지, 옷을 얼마나 잘 입었는지 생각할 겨를도 없이 길을 지나갔을 것이다. 이 모든 것은 단지 지훈이의 상상 속에서 일어나는 일일 뿐이다. 너무 많은 상상 속의 청중을 의식하느라 더 많이 고민하고, 더 많이 의식하고, 더 많이 갑갑해지는 것이다.

이 시기에 모든 사람에게 인정받고 사랑받아야 한다는 생각까지 품고 있다면 우리의 삶은 더 복잡하고 힘들어진다. 현실의 청중인 부모님이나 선생님, 그리고 친구들의 기대는 물론이고 상상속의 청중들의 비위까지 맞추고 싶은 마음에 우리의 행동은 부자연스럽고 딱딱해진다. 그 어떤 것도 내 뜻대로 할 수 없다는 생각이 드는 것이다.

청소년기를 벗어나면서 우리는 더 합리적이고 현실적인 기대만 받아들인다. 또 이런저런 시행착오의 경험을 통해 나 자신에 대해서는 물론 나와 타인의 한계에 대해서도 알게 된다. 결국 상상 속의 청중은 오로지 내 머리 속 상상에만 존재하며, 모든 사람에게 인정받고 사랑받기 위해 그 모든 기대를 다 들어줄 수도 없고 다 들어줄 필요도 없다는 것을 말이다.

다른 사람 앞에서
위축되지 않으려면

자기 대상화 이론과 공적 자기의식, 그리고 상상 속의 청중은 모두 우리가 '다른 사람이 나를 어떻게 볼까'를 생각하며 타인의 기대에 과도하게 가중치를 부과할 때 나타날 수 있는 심리적 어려움을 잘 설명해준다. 이런 어려움에서 벗어나기 위해 우리는 자신을 타인의 눈으로 평가하며 기대에 미치지 못할까봐 위축되고 전전긍긍하기보다는 우리 눈으로 자신을 수용하며 주체적인 시각을 기를 필요가 있다. 이를 위해 다음 두 가지를 꼭 기억하자.

외모에 대한 주체적인 시각을 키워라

타인의 변덕스런 평가와 시선 아래 놓이는 것만큼 우리를 불안하게 만드는 일은 없다. 특히 우리가 외모에 대한 기대를 강하게 내면화하고 있다면 외모에 대해서 쉽게 만족하지 못하고 타인의 평가에 쉽게 휘둘리게 된다.

자기 대상화 이론은 우리가 외모를 중시하는 외모지상주의 사회에 살고 있고 그 사회의 영향력이 우리의 심리에 영향을 미칠 만큼 막강하다는 것을 보여준다. 하지만 같은 사회 환경에서 자라더라도 모든 사람이 높은 자기 대상화 수준을 보이는 것은 아니다.

자기 대상화 수준이 낮은 사람들은 외모가 아니라도 우리를 대변할 수 있는 것이 얼마나 많은지 인식하고 있다. 자신을 타인의 시각이 아닌 주체적인 시각으로 바라봐야 한다.

우리의 자기 대상화 수준을 살펴보고 아름다움에 대한 집착이 어디에서 비롯되었고 왜 아름다워지려고 했는지 다시 돌아보자. 그래서 진정한 아름다움이 어떤 것인지에 대한 정의를 다시 세워보자. 예쁘고 멋있기를 기대하는 타인의 시선으로 자신을 보기보다는 외모에 대한 주체적인 시각을 키우는 것이 중요하다. '아름다워야 한다'는 기대에 무조건 민감하게 반응을 하다보면 어느 순간 자신을 잃어버리게 될 수도 있으니 말이다.

나에게 도움이 되는 기대만 들어줘라

같은 사회적 기대의 영향력 아래에 있더라도 어떤 사람들은 진영 씨나 선화 씨, 그리고 윤 대리처럼 기대를 더 예민하게 인식하지만 또 어떤 사람들은 그 기대를 무시한다. 자신이 느끼는 기대를 받아들이고 표현하는 방식도 사람들마다 차이가 있다. 때로 우리는 실제보다 상황을 더 힘들게 받아들이도록 하는 기대의 목소리를 마음에 품게 되기도 한다.

기대를 충족시키면 지금 당장은 더 편하다. 사람들에게 사랑과 인정을 받는 것만 같다. 반면 기대를 위반하면 성가시고 불편한 일이 벌어질 것 같고, 누군가가 나에게 실망하거나 나에 대한 사랑을 그만둘 것만 같다. 그 때문에 우리는 기대에서 크게 벗어나 행동하는 것을 무서워하며 우리의 삶을 한 지점의 한 패턴 속 경직된 관점에 옭아맨다.

이렇듯 기대를 다 들어주는 것이 우리에게 도움이 되는 면도 있겠지만 그 모든 기대를 다 들어줄 필요는 없다. 그 기대는 다른 방식으로 해결할 수도 있고, 어쩌면 과거에는 있었으나 지금은 없어진 기대일 수도 있다. 또한 기대 자체에 문제가 있는 경우도 있고, 기대를 받아들이는 우리의 방식에 문제가 있는 경우도 있다.

지금 우리를 힘들게 하는 기대가 있다면 그 기대가 무엇이며, 그 기대를 우리에게 전해주는 전달자는 누구인지, 그리고 우리가 그 기대를 어떻게 받아들이고 있는지 살펴보자. 또한 그 기대를 충족시키는 것의 긍정적인 면과 부정적인 면을 면밀히 저울질해 보자.

나에게 도움이 되는 기대만 남기기 위해 체로 거르는 작업이 필요하다. 나에게 도움이 될 정도까지만 타인의 관점으로 나를 보고, 타인의 평가에 너무 연연하지 말자. 진정 중요한 것은 나의 건강과 행복이기 때문이다.

시선의 노예가 아닌
시선의 주인으로 살자

자신에 대한 타인의 시선과 평가에 연연하면 우리는 더 불안해지고 더 취약해진다. 자신의 외모와 능력은 물론이고 존재에 대해서도 의구심을 느끼게 된다. 다분히 평가적인 분위기의 면접장이나 시험장 등에서 타인의 시선 아래 자신을 노출시키며 평가에 연연하다보면 결국 불안, 우울, 수치심과 같은 부정적인 감정을 느끼기 쉬운 것과 마찬가지다.

프레드릭슨과 로버츠의 자기 대상화 이론은 반복적이고 일상적으로 노출되는 젊은 여성들의 몸을 향한 사회의 관음증적 시선과 높은 기대가 일시적인 감정에 영향을 미칠 뿐만 아니라 정신질환을 불러올 만큼 그들의 심리에 치명적일 수 있음을 보여준다. 공적 자기의식은 외모뿐만 아니라 다른 사람 눈에 비친 자신의 모습을 의식하게 되는 것이 우리의 심리적 취약성에 어떤 영향을 미칠 수 있는지 보여준다.

이 두 개념은 각종 과학 기술의 발전으로 예전보다 더 쉽게 의도치 않게 타인의 시선 아래에 놓이게 될 가능성이 높아진 환경 속에 살면서 타인의 시선에 민감하고 그러기에 타인의 기대에 취약할 수밖에 없는 우리에게 중요한 메시지를 던져준다. 그것은 바로 시선에 끌려 다니거나 얽매이는 시선의 노예가 되지 말고, 필요할 때는 그 시선을 무시할 수도 있는 시선의 주인이 되라는 메시지다.

남들보다 더 잘하려고 고민하지 마라.
'지금의 나'보다 잘하려고 애쓰는 게 더 중요하다.
_ 윌리엄 포크너

chapter *8*

집단의 기대를
지나치게 동일시한다
: 동일시 효과

집단의 기대에
짓눌린 사람들

현성 씨는 친척 모임이 두렵고 싫다. 그의 부모님은 물론 친척들 모두 공부를 중요하게 생각했고 그런 만큼 모두 공부를 잘했다. 최근에는 친척 형이 고시에 합격하면서 전보다 더 큰 위기의식에 시달렸다. 모두 친척 형을 칭찬하는 모습을 보며 현성 씨는 지난 2년 동안 다니던 대학을 그만두고 싶은 마음이 커졌다.

현성 씨는 다른 친구들이 부러워할만한 대학을 다니고 있다. 하지만 친척들에 비하면 변변치 않은 곳인 것 같아 언제나 스스로가 불만스러웠다. 이 모든 상황을 바꾸고 친척들을 만나도 당당하려면 지금보다 더 좋은 대학에 들어가야 할 것만 같다. 그래서 현성 씨는 요즘 밤잠을 못자며 고민 중이다.

현성 씨는 자신이 속한 집단의 기대에 눌려 튼튼하고 긍정적인 자기 개념을 형성하지 못했기에 힘들어했다. 현성 씨는 객관적으로 보기에 보통 사람들보다 더 나은 성취를 보여주고 있고, 다른 친구들이 부러워할 만큼 공부도 잘했다. 그럼에도 그는 스스로에게 만족하지 못했다. 자신의 성공은 과소평가하는 반면에 자신의 실패는 크게 받아들였기 때문이다.

우리가 성장해가는 방법,
동일시

우리가 스스로에 대해 얼마나 큰 행복과 만족감을 느낄 수 있는지는 어떤 집단에 속해있으며 그 집단 속에서 중시하는 가치가 무엇인지, 그 가운데 우리가 중요하게 받아들이는 가치가 무엇인지에 따라 달라진다. 그러기에 '동일시'는 우리가 속한 세계를 인식하고 그 세계 속 우리의 모습을 선택해가는 과정에서 중요한 개념이라고 할 수 있다.

정신분석학자 프로이트는 동일시를 동성의 부모를 따라 하려는 것이라고 보았다. 부모를 이상적으로 생각하고 이를 바탕으로 현재보다 더 나은 모습이 되기 위해 끊임없이 노력해 간다는 것이다. 집단 속 개인의 관점에서 동일시란 '다른 사람이나 집단의 목적과 가치를 자기의 것으로 받아들이는 것'을 의미한다. 우리가 가족이나 사회의 가치를 스스로 받아들이면서 양심의 판단에 따라 결정하는 것처럼 말이다.

이런 동일시의 모습은 시간이 지나고 우리가 성장해감에 따라 조금씩 변화하고 확장되어가는 모습을 보인다. 우리는 아주 어린 시절에는 부모의 모습과 부모가 자신에게 기대하는 것을 바탕으로 이상적인 모습을 설정하고 그 모습에 맞춰가기 위해 노력한다. 그러다가 점점 부모님이 형성해준 가족 구조를 넘어 사회 속 멘토와 지도자들을 통해 자신이 이상으로 생각하고 동일시하는 대상을 만나게 된다. 자신이 어떤 집단에 속하는지에 따라 동일시하는 대상이 점점 확장되어가는 것이다.

나를 둘러싼 겹겹의 세계를 안다, 생태학적 체계

우리가 동일시하는 대상들이 누구인지 알아보기 위해 우리를 둘러싼 집단이 어떤 모습인지 살펴보자. 유리 브론펜브레너(Urie Bronfenbrenner)가 설명한 '생태학적 체계(Ecological System)' 이론은 우리를 겹겹이 둘러싼 세계와 그 속에 존재하는 우리의 모습을 파악하는 데 매우 유용하다. 그는 작은 식물이 자라 나무가 되고 꽃을 피우기까지 좋은 토양과 밝은 햇살, 적절한 수분, 맑은 공기가 중요한 것처럼 우리가 자라는 환경이 우리에게 어떤 영향을 미치는지 살펴보는 것이 중요하다고 강조했다.

우리를 둘러싼 세계는 몇 겹으로 이루어져 있을가? 브론펜브레너가 제시한 생태학적체계 모델에 따르면 '나'라는 사람을 구성하는 집단은 크게 네 가지 체계(미시체계, 중간체계, 외체계, 거시체계)가 있다고 한다. 더불어 시간의 변화에 따라 달라지는 시간체계를 더해 다섯 가지 체계로 우리에게 영향을 미치는 집단을 설명할 수 있다.

우리는 각각의 집단 속에서 의식적이든 무의식적이든 어떤 기대의 압력을 받게 되고, 그 집단이 중시하는 가치를 자신의 것으로 동일시하게 된다. 또한 기대는 앞에서 설명한 현성 씨의 딜레마처럼 개인을 압도하고 짓누르기도 한다. 그러므로 나를 둘러싼 세계 속에서 내가 지금 어떤 기대를 받고 있으며, 어떤 기대가 중요하고 나를 힘들게 하는지 돌아볼 필요가 있다.

우리는 이 세상에 태어난 이래로 지금까지 각각의 집단이 전하는 기대와 압력을 의식하고 이를 충족시키는 과정에서 발달과 성장을 계속해왔다고 할 수 있다. 우리의 세계는 조금씩 확장되었고, 그와 동시에 내가 누구인지 나타내는 '자기 개념(Self Concept)' 역시 점점 확장된 것이다. 사람마다 그 양상은 다르지만 브론펜브레너의 생태학적체계 모델을 바탕으로, 더 좋은 대학으로 진학하기 위해 지금 다니는 대학을 포기할까 고민하는 현성 씨가 속했던 집단과 그 집단 속 기대를 중심으로 살펴보자.

미시체계

'미시체계(Microsystem)'란 가정, 학교, 또래 친구들과 같이 우리에게 직접적으로 영향을 미치는 집단을 의미한다. 우리가 자라는 동안 이 집단은 지속적으로 큰 영향을 미친다. 성인이 되어 스스로 무언가를 할 수 있는 힘을 기르게 된 지금도 이 집단의 영향력은 여전히 크다.

성인임에도 불구하고 부모와 주변 사람들의 기대에서 벗어나지 못하고 있다. 우리는 이 미시체계의 집단 속에서 가장 기본적인 성격을 형성하고 지금 자신이 가지고 있는 가치관, 태도, 관계 방식을 배웠기 때문이다. 또한 우리는 지금도 이 안에서 배우고 익힌 것을 바탕으로 더 넓은 체계 속에서 사람들을 만나고 있다.

다른 모든 사람들에게 그러하듯 현성 씨에게도 미시체계 속 사람들의 수용과 인정을 받는 것이 무척 중요했다. 그래서 그는 이들이 자신에게 어떤 기대를 하는지 예민하게 인식했고, 지금도 그들의 기대는 큰 영향을 미치고 있다. 학습과 배움의 가치는 그의 가정과 학교, 또래 친구들과의 관계 속에서 언제나 중요했고 그 또한 중요하게 받아들였다.

현수 씨는 언제나 공부를 잘하는 편이었지만 엄격한 부모님의 기대에 완전히 부응하기란 언제나 어렵기만 했다. 그의 주변에는 언제나 공부를 잘하는 사람들이 많았기 때문에 성적을 잘 받아와도 부모님은 쉽게 만족하지 않았던 것이다. 지금 대학을 그만 두어야 할지 고민하는 이유도 이런 미시체계 속 기대에 도달하지 못했다는 자괴감 때문이다.

중간체계

'중간체계(Mesosystem)'는 각 집단들 사이의 상호작용을 의미한다. 예를 들어 가정 안에서 경험하는 스트레스 때문에 제대로 된 대인관계 기술을 배우지 못한 아이들은 학교에 가서도 말썽을 피우거나 친구들과의 관계에서 문제를 일으킬 수도 있다. 그러면 가정과 학교라는 집단이 연계해 하나의 집단을 형성할 수 있다.

학업에 대한 기대가 컸던 현성 씨의 부모님은 그의 학교는 물론이고 친구들과 학원까지 직접적으로 관여했다. 그래서 현성 씨는 자신이 언제나 부모님의 기대에 붙잡혀 단단하게 메여 있다는 느낌을 받았다. 그는 언제나 같은 집단의 틀 안에서 같은 일이 반복되는 상황은 싫었지만, 공부를 잘해야 한다는 학업적 성취에 대한 기대에서 쉽게 벗어나기는 힘들었다. 주변에 있는 모든 사람들이 한 가지 길을 가기를 기대한다면 그 누구도 기대에서 벗어나 다른 선택을 하기란 어려운 일인 것이다.

외체계

'외체계(Exosystem)'는 우리가 적극적으로 참여하고 관여하지는 않지만 환경 속에서 일어나는 일에 영향을 주게 되거나 영향을 받게 되는 환경적 사건을 말한다. 이런 환경적 사건은 보통 부모님을 통해 우리에게 전달된다. 예를 들어 부모님의 사업이 실패하거나 부모님이 이혼을 하는 사건이 미치는 파급은 우리에게 고스란히 전해질 수밖에 없는 것이다.

현성 씨의 어린 시절에 그의 부모님은 경제적인 문제로 자주 다투셨다. 그래서 직접적으로 말하지는 않았지만 부모님이 싸우는 소리를 들을 때마다 그는 속으로 꼭 돈을 많이 벌어서 여유 있는 삶을 살아야겠다고 생각하곤 했다. 부모님 역시 현성 씨에게 돈을 많이 버는 사람이 되기를 기대할 것이라 생각했다. 그에게 있어 공부를 잘하는 것은 부모님의 그런 기대를 충족시키기 위한 유일한 수단인 것이다.

현성 씨에게 중요한 또 하나의 외체계는 공부를 잘하는 친척과 부모님 친구의 공부를 잘하는 자녀도 포함된다. 고시에 합격한 공부 잘하는 친척 형과 현성 씨와 비슷한 또래라는 아버지 친구 분의 공부 잘하는 자녀는 중요한 순간 현성 씨의 마음을 자극했다. 그는 부모님이 공부 잘하는 다른 사람을 칭찬하고 부러워하는 이야기를 들으면 괜스레 마음이 상했다.

사실 그의 부모님은 공부를 강조하기는 했지만 그에게 직접적으로 언급하거나 다른 사람과 비교하지는 않았다. 그럼에도 현성 씨의 마음속에는 공부 잘하는 부모님 친구의 자녀라는 외체계가 전하는 유능성에 대한 기대가 분명하게 자리잡았다. 그래서 그는 의식하지 못한 사이에 '그 형만큼은 해야 한다'라는 기준을 마음 속에 세우고, 충분히 잘 해내고 있음에도 자신이 부족하다고 느 꼈다.

현성 씨뿐만 아니라 누구에게나 중시하는 가치와 그 기준에 중 요한 영향을 미치는 외체계가 있다. 사람이나 사건은 우리의 환 경에 중요한 영향을 미쳤다. 자신이 자라면서 어떤 외체계를 경 험했는지, 그 경험을 어떤 방식으로 받아들였는지는 우리가 왜 지금 이런 모습을 하고 있으며 앞으로 어떻게 해야 하는지에 대 한 중요한 실마리를 전한다. 현성 씨의 경우 그가 왜 그렇게 스스 로의 성취에 만족하지 못하고 조급함을 느끼는지 이해하는 데 외 체계는 큰 도움이 된다.

거시체계

'거시체계(Macrosystem)'는 우리가 속한 문화의 고유한 특성을 말한다. 우리에게 직·간접적으로 영향을 미치는 법·정치·사회·교 육·경제체계가 이에 해당한다고 할 수 있다. 현성 씨를 보자. 그 는 민주주의와 법치주의, 시장 경제를 표방하며 대학에 들어가기 위해 치열한 입시 경쟁을 경험하는 것이 당연한 사회에 살고 있 다. 또한 이런 기대를 마음에 품으며 자신을 동일시하고 있다.

거시체계에서 현성 씨를 둘러싼 미시체계와 중간체계, 외체계 에 전하는 메시지를 가만히 살펴보자. 각 체계들이 거시체계에 전하는 메시지와 관련이 있다는 것을 알 수 있다. 때로 각 체계들은 거시체계가 전하는 메시지의 전달자 역할을 함으로써 그가 사회 속에서 갈등하지 않고 잘 살아올 수 있게 만들었다.

예를 들어 교육이 중요하고, 경제적 안정이 중요하고, 법을 잘 지키는 것이 중요하다는 생각은 많은 메시지들이 혼합되어 나타난 것이다. 이 메시지는 현성 씨가 이 사회에서 자라는 과정 속에서 부모님, 선생님, 또래 친구들, 직장 동료, 낯선 사람들, 미디어를 통해 보고 듣고 느낀 것들이 쌓이고 혼합된 것이다. 지금 그가 가지고 있는 신념이나 가치관을 돌아보면 대부분이 그가 속한 집단 속에서 중시하고 강조하는 것이다.

시간체계

지금까지 우리는 한 개인을 둘러싼 네 겹의 세계를 현성 씨가 가진 딜레마를 중심으로 살펴보았다. 이 세계는 그에게 어느 한 순간 동시에 영향을 미치기도 하고, 다른 기대와 상충하며 불협화음을 이루기도 한다. 네 가지 체계는 시간과 역사의 흐름에 따라 달라지는데, 브론펜브레너는 여기에 '시간체계(Timesystem)'라는 개념을 포함시켰다. 현성 씨가 중시하는 가치는 그가 속한 체계가 더 넓게 확장되고, 넓은 체계 속 자신을 뚜렷하게 의식하고 선택 범위를 늘려감으로써 달라졌다.

시간이 흐르고 현성 씨가 다른 가치를 중시하는 집단에 스스로를 동일시하게 된다면 그는 예전만큼 부모님의 기대에 연연하지 않고, 자신이 기준점으로 삼았던 형보다 모자라다고 생각하며 스스로를 힘들게 하지 않을지도 모른다. 하지만 그가 지금까지 살아온 삶 속에서 성취에 대한 기대는 시간이 갈수록 점점 더 커지고 단단해졌다.

그는 자신이 어떤 기대를 어떤 방식으로 동일시하고 있는지 잘 인식하지 못했기에 부담감과 열등감은 점점 커져만 갔다. 결국에는 남들보다 더 좋은 대학을 다니고 있음에도 학교를 그만두고, 지금까지 자신이 해온 모든 것을 바꾸고 처음부터 다시 시작하고 싶어진 것이다. 그렇지만 자신이 속한 집단의 기대가 그를 힘들게 하는 지금이야말로 진정 자신을 둘러싼 세계와 기대를 다시 돌아볼 필요가 있는 시기다.

집단의 기대가 우리를 힘들게 할 때

앞에서 설명한 다섯 가지 체계는 우리의 세계가 어떤 방식으로 확장되는지를 잘 보여준다. 우리는 우리가 속한 집단의 기대와 스스로를 동일시하는 과정에서 발전하고, 성숙해가며, 진정한 자기 정체성을 찾아 이를 더 탄탄하게 만들어간다. 상황이 변하고 시간이 흘러감에 따라 우리를 둘러싼 세계는 우리에게 다른 것을 요구한다. 그때마다 우리는 자신이 받아들이고 싶은 기대를 선택하고, 환경의 요구는 물론 자신의 요구에 맞춰 자신의 삶을 조정해 나갈 필요가 있다.

그런데 때로 우리는 집단 속에서 한 가지 기대만을 받아들이며 힘들어하는 현성 씨처럼, 비합리적이거나 적응하지 못한 방식으로 기대를 받아들이고 버거운 기대의 기세에 눌려 버릴 때가 있다. 그럴 때 우리의 모습은 크게 다음과 같은 두 가지 문제로 나타난다.

자기 개념이 왜곡되어 열등 콤플렉스에 시달린다

자신이 속한 집단의 가치에 스스로를 지나치게 동일시할 때 우리는 왜곡된 자기 개념으로 인해 정체성이 흔들리는 경우도 있다. 특히 우리가 자신의 실제 모습이라고 생각하는 '실제적 자기(Real self)'와 이상적인 모습이라고 생각하는 '이상적 자기(Ideal self)' 사이의 간극이 너무 크고, 자신이 속한 집단의 기대에 못 미친다고 느낄 때 우리는 열등 콤플렉스에 시달리게 된다.

심리학자 알프레드 아들러(Alfred Adler)는 '열등감(Inferiority)'이라는 용어를 처음으로 사용하고 이에 대한 대대적인 연구를 했다. 그는 사람이라면 모두 자기 안의 잠재력과 가능성을 펼치고 싶어하는 특성이 있다고 보았다. 이때 열등감이 더 잘하기 위한

성장의 촉진제로 활용되지 못하고 열등 콤플렉스로 나타난다고
보았다.

아들러는 우리가 열등 콤플렉스에 빠졌을 때 이를 피하거나 보
상하기 위해 노력한다고 했다. 열등감으로 인해 손상되고 약해진
자신의 모습을 어떤 행위나 물질적인 것으로 보조하거나 채워 넣
게 된다는 것이다. 아들러가 제안한 보상행동은 크게 공격성과
후퇴로 나눠질 수 있다.

- ⊘ 공격성 : 자만, 허풍, 호언장담, 거만, 과장된 자기자랑, 범죄,
  자학, 자살
- ⊘ 후퇴 : 방어, 두려움, 의심, 폐쇄, 소심, 낙담, 주저, 은거

친척들을 비롯한 다른 사람들 앞에서 떳떳하지 못하다고 생각
해 대학을 그만두려고 하는 현성 씨의 모습은 후퇴로 나타난 열
등 콤플렉스인 셈이다. 누구나 때로 자신의 모습이 마음에 들지
않고 부족하게만 느껴져 힘든 경험이 있다. 하지만 이런 못난 자
신에 대한 인식이 열등 콤플렉스가 되는가 그렇지 않은가는 그
마음에 짓눌려 공격성을 보이거나 후퇴하는 것이 아니라 성장의
계기로 삼을 수 있는가 그렇지 않은가에 달려있다.

많은 연구들은 성공적인 삶의 주요한 요인으로 열등감으로부
터 스스로 얼마나 자유로울 수 있는가를 꼽는다. 열등 콤플렉스

에 젖어 좌절하기보다는 열등감을 우리의 삶을 성장시키는 좋은 촉진제로 활용하는 것이 필요하다는 것이다. 현성 씨처럼 자신이 집단의 기대에 비해 못하고 있다는 생각 때문에 자주 괴로워지고 의기소침해진다면, 열등감은 본래 남과 비교하는 것이 아닌 잠재력을 제대로 펼치지 못한 자신에 대한 느낌이라는 것을 기억할 필요가 있다.

변화에 대처하는 능력을 기르지 못한다

자신이 속한 집단의 기대에 지나치게 동일시할 때 나타날 수 있는 다른 부작용으로는 지나치게 타인 의존적이기에 스스로 판단하고 대처하는 능력을 기르지 못하는 것이라고 할 수 있다. 이와 관련해 국내의 한 유명한 헤드헌터는 이런 말을 했다.

"신입 사원일 때는 유능했던 사람들이 시간이 지나 중간 관리인이 되면 무능력해지는 경우가 허다하다. 위에서 시키는 대로 하는 건 잘하지만 막상 자신이 어떤 결정을 내려야 할지 모르기 때문이다."

신입 사원일 때와 그 위치에서 더 나아가 중간 관리인이 되었을 때는 요구되는 능력이 다르다. 신입 사원일 때는 위에서 시키는 대로 잘 따라가는 것이 중요하다면, 중간 관리인이 되면 주체적인 의사결정을 내리는 것이 더 중요해진다. 그런데 대부분의 사람들이 일을 따라가는 것에는 능숙하지만 스스로 결정을 내리는 힘은 부족하기에, 유능한 사원은 될 수 있어도 유능한 관리자가 되기는 어렵다는 것이다.

심리학자 어빙 제니스(Irving Janis)는 '고참 하사관 증후군(Old Sergeant Syndrome)'으로 이 현상을 설명한다. 그는 전투 중인 병사들의 모습에서 나타나는 독특한 현상에 주목했다. 그들의 모습을 관찰하다 보니 하사관으로서는 매우 충실했지만 새로운 상황을 받아들이거나 홀로 대처하기를 어려워하는 모습을 보였고, 다른 병사들에게 지나치게 의존해 일을 그르치는 경우가 잦은 병사가 많았던 것이다.

제니스는 이런 현상이 집단 속에서 직속 상관에게 지나치게 의존하고 동일시할 때 나타난다고 보았다. 이런 현상을 보이는 사람들은 하나의 작은 집단 속에서는 동일시하던 대상이나 역할에 의존해 기대받는 일을 수행하면 된다. 하지만 지나치게 동일시하는 대상과 역할에 의존하다 보면 거기에서 떨어져 나왔을 때 독립적인 자기 정체성을 키우기가 어렵다는 것이다.

우리 일상에서도 이런 현상은 자주 나타난다. 강렬하게 동일시했던 집단 속 역할이 사라졌을 때 우리는 큰 상실감을 경험한다. 자녀들을 양육하면서 부모 역할을 하는 것에서 큰 의미를 얻었던 부모님들은 자녀들이 장성하고 난 뒤 상실감에 힘들어한다. 일부 학자들은 이를 '빈 둥지 증후군(Empty Nest Syndrome)'이라고 부르기도 한다.

평생 한 가지 일에 전념하다가 은퇴를 한 사람들 또한 자신이 동일시했던 그 모든 역할을 송두리째 잃어버리는 공허감에 힘들어한다. 자신을 길러줬던 좁은 조직과 체계가 자신에게 부여하는 역할을 떠나 더 넓은 체계 속에서 자신이 무엇을 할 수 있을지 한 번도 생각해본 적이 없기 때문이다.

지금 나는 어떤 조직과 체계 속의 역할에 스스로를 동일시하고 있는가? 혹시 한계가 있는 역할과 한 가지 관점에만 매여 있는 것은 아닌가? 이 질문은 좋은 학업적 성취라는 기준과 기대에만 비춰 자신을 바라보기 때문에 자신이 충분히 잘 하고 있는 면은 보지 못하고 열등감을 느끼는 현성씨에게 중요한 질문이다. 그리고 현성씨처럼 타인이 제시하는 하나의 기준에 자신을 끊임없이 비교하며 스스로를 작게 보며 우리 자신을 힘들게 할 때 우리가 살펴야 할 질문이기도 하다.

그가 지금도 충분히 잘하고 있고 앞으로도 다양한 역할을 해낼 수 있는 것처럼 우리도 분명 지금 충분히 잘하고 있고 앞으로도 다양한 역할을 해낼 수 있을 것이다. 중요한 것은 나에게 주어진 기대의 틀 밖에서도 나를 바라볼 수 있는 다른 관점이다.

지금 스스로를 과소 평가하고 있거나 열등감에 젖어 있는가? 문제는 나의 능력에 있는 것이 아니라 나의 잠재력을 바라보는 관점의 협소함에 있다.

동일시,
어떤 방식으로 하면 좋을까?

동일시를 통해 우리는 성장해가고 자신이 속한 집단에서 중요한 구성원으로 인정과 사랑을 받으며 활발히 활동할 수 있다. 그런데 앞서 설명한 열등 콤플렉스와 고참 하사관 증후군은 우리가 자신이 속한 집단의 기대와 가치를 지나치게 내면화할 때 나타날 수 있는 두 가지 대표적인 문제다. 이는 동일시에도 균형이 필요하다는 것을 뜻한다. 그렇다면 우리는 우리가 속한 집단에서 어떤 방식으로 동일시를 해나가면 좋을까?

나를 둘러싼 세계 속 기대를 파악하고 확인하고 표현하라

동일시를 어떤 방식으로 해야 하는가를 살펴보기 위해, 자신을 겹겹이 둘러싼 기대 때문에 혼란스러워 하던 현성 씨가 어떻게 자신의 버거운 마음을 해결했는지 살펴보자.

대학을 그만두어야 할지 고민하던 현성 씨는 찬찬히 자신의 마음을 살펴봤다. 그래서 자신이 생각하는 당연한 기대가 사실은 당연하지 않은 것일 수 있다는 것을 알게 되면서 마음이 한결 가벼워졌다. 자신의 마음을 살펴보고 주변 사람들에게 힘들다고 표현하고 난 후, 놀라운 경험을 하게 되었다고 했다. 그가 생각한만큼 큰 기대를 받고 있는 것도 아니었고, 꼭 그 기대를 채우지 않아도 된다는 사실을 깨닫게 된 것이다.

"모든 사람들이 빨리 무엇인가를 하라고 외치는 것 같았는데 대화를 해보니 그게 아니었어요. 빨리빨리 잘해야 한다는 생각은 저 혼자 판단했던 면이 큰 것 같아요."

그는 자신이 원하는 것과 그들이 기대하는 것을 이분법적으로 나누고 어느 한 쪽을 선택해야 한다는 강박관념에서도 벗어났다고 했다. 이제 두 가지 모두를 고려한 선택을 하기 위해 천천히 생각해보고 있다고 한다. 자신을 둘러싼 기대를 돌아보고 좁은 기대의 틀에서 벗어나면서 마음이 한결 홀가분해진 것이다.

현성 씨처럼 우리는 때로 우리에 대한 주변 사람들의 기대를 실제보다 더 크게 받아들인다. 그래서 우리는 갈등하기도 하고, 오해하기도 하고, 힘들어하기도 한다. 특히 친밀한 관계일수록 더 진한 감정이 개입되고 기대의 종류가 다양해지기에 복잡한 양상을 띤다. 또한 관계 속 엇갈리는 기대는 모든 갈등의 근본적인 원인이 된다.

어떤 사람은 당연하다고 생각하는 일을 다른 사람은 부당하다고 생각하고, 어떤 사람은 분노하는 일에 다른 사람은 슬픔을 느낀다. 우리는 같은 상황도 다르게 지각하고, 같은 사람이라도 때에 따라 다르게 받아들인다. 기대는 상황의 변화에 따라 시시각각 변화한다. 그러기에 모든 관계망에서 반드시 필요한 것이 확인과 소통이다.

이를 위해 일단 다음과 같은 질문을 스스로에게 던져보는 것이 필요하다. 특히 내가 속한 집단 속에서 나와 자주 갈등하는 사람부터 떠올리며 천천히 생각하고 대답해보자.

- ⊘ 가족들은 나에게 어떤 기대를 하는가?
- ⊘ 연인은 나에게 어떤 기대를 하는가?
- ⊘ 친구들은 나에게 어떤 기대를 하는가?
- ⊘ 동료들은 나에게 어떤 기대를 하는가?
- ⊘ 그 밖에 나와 관계하는 사람은 나에게 어떤 기대를 하는가?
- ⊘ 시간의 흐름에 따라 나에 대한 기대는 어떻게 변화했나?

위의 질문들은 앞서 설명한 우리를 둘러싼 다섯 가지 체계가 우리에게 미치는 영향을 풀어놓은 것이다. 이 질문에 대한 답변을 살펴보면 그저 막연하게 느끼고 있던 기대를 더 구체적으로 살펴볼 수 있을 것이다.

어떤 기대는 더 편하게 느낄 수도 있고, 또 어떤 기대는 우리에게 즉각적으로 행동을 촉구하기에 더 부담스럽게 느껴질 수도 있다. 중요한 것은 막연한 기대에 구체적인 그림을 그리고 확인은 한다는 데 있다.

어쩌면 우리는 다른 사람이 나에게 기대하지 않는 것을 기대한다고 느끼고 있을지도 모르고, 내 어깨에 있는 기대를 실제보다 더 무겁게 느끼고 있는지도 모르는 일이다. 기대를 잘 받아들이기 위해서는 내가 어떤 기대를 크게 느끼는지 인식하고, 다른 사람들이 나에게 어떤 기대를 하고 있는지 확인해보고, 때로 그 기대가 버거울 때마다 내가 느끼는 것을 표현할 필요가 있다.

더 넓은 세계와 스스로를 동일시하라

지금 우리가 살고 있는 세계를 둘러보자. 이 세계는 점점 더 넓어지는 동시에 좁아지고 있다. 인터넷과 교통수단 등 각종 기술의 발달로 마음만 먹으면 우리는 아주 많은 사람들을 만나고 소통할 수 있게 되었다. 그러나 역설적이게도 소통의 단절로 인해 나타나는 각종 폭력과 정신병리도 극심해지고 있다. 게다가 빠른 변화와 다양한 정보가 우리를 혼란스럽게 한다.

이런 변화의 흐름과 빠른 속도로 팽창하고 있는 환경에서 우리는 어떤 방식으로 나를 볼 것인지 선택할 필요가 있다. 가족 속의 나, 내가 속한 작은 집단에서의 나, 국가 속의 나, 그리고 세계 시민으로서의 나에 대해 생각해보는 것이다.

현성 씨가 힘들어했던 가장 중요한 이유는 그가 속한 다양한 집단들이 전하는 다양한 기대 가운데 학업적 성취를 빨리 잘 해내야 한다는 단 하나의 기대만을 크게 인식하고, 그 기대에 부응하지 않으면 자신의 인생이 완전히 실패할 것이라는 관점을 오랫동안 고수하고 있었기 때문이다. 하지만 일단 그가 관점을 바꾸어 다른 기대와 가치를 받아들이고 눈을 돌리자 한결 자유롭고 가벼워졌다. 좁은 체계 속 고정된 기대에 얽매이다 보면 힘들어질 수밖에 없다.

지금 나는 어떤 가치와 기대에 얽매여 있는가? 그 기대와 가치는 나를 성장시키는가, 낙담시키는가? 만약 한 지점에만 정체된 것 같고 스스로 만족하기 어렵다면 나를 둘러싼 세계를 찬찬히 살펴보자. 그래서 더 넓은 사회와 자신을 동일시하고, 나를 향한 다양한 기대를 스스로 조정해 나가자.

나를 중심으로 돌아가는 사회

찰스 쿨리(Charles Cooley)는 우리가 자기 개념을 구성해 나가는 방식을 '거울에 비친 자기(Looking Glass Self)'라는 개념으로 설명한다. 타인의 모습에 비친 자신의 모습을 보며 '나는 이런 사람이구나!'라는 개념을 발전시켜 나간다는 것이다. 그만큼 소속된 집단에서 우리가 어떤 기대를 인식하고 동일시하는지 아는 것은 나 스스로를 인정하고 사랑하기 위해 중요하다.

내가 속한 집단의 사람들이 성취를 중요시하고 성취를 이루어낸 사람을 칭찬한다면, 성취하지 못한 사람은 상대적으로 그 집단에 소속되지 못한 것만 같고 거울에 비친 자신의 모습이 초라한 것처럼 느끼기 쉽다. 그렇지만 그렇게 성취만 강조되는 사회에서는 성취하는 사람들조차 자신이 뒤쳐질까봐 고민하느라, 자신의 성취를 기뻐하고 스스로를 있는 그대로 인정해주기 어렵다. 게다가 타인이라는 거울은 언제나 변덕스럽고 그들을 완전히 만족시키기란 불가능하다. 타인의 인정에 목말라하면서 정작 인정을 받아도 마음이 채워지지 않는다면, 그것은 타인이라는 단 하나의 거울을 중심으로 살고 있기 때문이다.

잘 생각해보자. 이 세상에 거울이 딱 하나만 있는 것이 아니고 꼭 거울을 봐야 우리가 어떤 사람이고 잘 하고 있는지 알 수 있는 것은 아니다. 그러니 지금 누군가의 기대에 미치지 못한다는 생각 때문에 힘들어진다면, 일단 그 기대에 얽매여야 하는지 다시 돌아보자. 브론펜브레너가 제시한 다섯 가지 체계가 제시하는 나를 겹겹이 둘러싼 기대 속에서 가장 중심에 서 있고 중요한 것은 다른 누구도 아닌 바로 '나'이기 때문이다.

반짝인다고 다 금은 아니다.
_미국 속담

chapter *9*

겉모습에 이끌려
잘못된 기대를 한다
: 후광 효과

구걸하는 할머니의
놀라운 이중생활

캐나다 토론토에는 유명한 할머니 한 분이 있었다. 그녀는 같은 시각, 같은 장소에서 매일 행인들을 상대로 구걸을 하곤 했다. 심하게 헝클어진 은발 머리에 많이 해진 보라색 스카프를 하고 있는 노쇠한 몸의 할머니가 지나가는 사람들을 뚫어져라 쳐다보고 있으면 누구라도 마음이 안 좋았다. 더구나 그 할머니는 손도 떨고 있었다.

사람들은 그녀를 지나칠 때마다 고개를 돌려 애써 못 본 척하거나 그녀에게 약간의 돈을 주었다. 나 역시 그 할머니의 모습에 마음이 안 좋을 때면, 부들부들 떨고 있는 손에 약간의 돈을 준 적이 있었다. 물론 그녀에게 그 돈이 절박하게 필요할 것이라고 생각했기 때문이었다. 겉모습만을 봤을 때 그녀는 도움이 필요한 사람임이 분명해보였다.

캐나다에서 돌아온 뒤 한동안 나는 그 할머니를 잊고 지냈었다. 그러던 어느 날 인터넷 기사를 보던 중 우연히 그 익숙한 보라색 스카프와 마주하고는 소스라치게 놀랐다. 그녀의 사진이 실린 기사들의 제목만 봐도 그녀가 왜 갑자기 국제 뉴스에 등장하게 되었는지 알 수 있었다. 언론에 실린 기사 제목은 다음과 같았다. '가짜 거지에게 속다', '그녀는 사실 엄청난 부자', '하루 5시간 구걸, 한 주에 2천 500달러 수입에 운전사와 경호원까지 거느리고 이중생활' 등이다.

알고 보니 손을 떨며 구걸하던 그 거지 할머니는 엄청난 부자인데다가 두 명의 경호원까지 있었다. 길거리에서 구걸을 마치면 자신의 운전수가 모는 값비싼 세단을 타고 몰래 집으로 돌아갔다고 한다. 이 모습을 우연히 포착한 한 기자가 수십 년에 걸친 추적으로 그녀의 이중생활을 토론토를 넘어 전 세계적으로 밝힌 것이다.

거지 할머니를 알고 있고, 마음이 아파서 돈을 건넨 적이 있었던 사람들은 모두 충격과 배신감에 휩싸였다. 겉으로 보기에 그녀는 도움이 절실히 필요한 거지였지만 사실 그녀는 그녀에게 돈을 준 그 누구보다도 부자였던 것이다.

우리는 겉모습에
쉽게 현혹된다

우리는 표면적이며 특징적인 단서를 통해 다른 사람을 파악한다. 그녀에게 돈을 건넨 사람들은 그녀의 겉모습을 보며 아무런 의심 없이 거지라고 생각했다. 그래서 그들은 그녀에게 적선을 했다. 거지 행세를 하는 부자 할머니 사건은 우리가 얼마나 쉽게 겉모습에 속게 되는지를 잘 보여준다.

영어에는 '겉모습에 속지 마라(Do not judge a book by its cover)'는 표현이 있다. 이를 있는 그대로 해석하자면, 책의 표지만 보고 책이 어떨 것이라고 판단하지 말라는 메시지를 담고 있다. 표면적인 단서만 보고 섣불리 기대를 하지 말라는 것이다. 그런데 우리는 책은 물론이고 사람들의 겉모습에도 쉽게 현혹된다. 표지가 그럴듯하고 외모가 멋지면 선택을 하게 되는 것이다. 그래서 책을 만들어 판매하는 사람들은 표지를 어떻게 하는 것이 좋을지 고심한다. 책이 아무리 좋은 내용을 담고 있어도 표지가 눈길을 끌지 못하면 독자들의 마음을 사로잡는 일이 불가능하기 때문이다.

명성과 가치에 대해서도 마찬가지다. 누군가가 어떤 사람이나 사물이 유명하다는 이야기를 들으면 한 번 더 살펴보게 된다. 세상의 모든 공모전 결과에 대해 나의 지인은 다음과 같이 말했다.

"이상하게 그전까지는 눈길이 안가다가 그 작품이 대상이라고 하면 뭔가 있어 보인단 말이지."

부동산 시장을 호령하는 세계적인 갑부이자 이제는 미국의 대통령이 된 도널드 트럼프(Donald Trump)가 어떻게 부자가 되었는지도 화려한 외양이 얼마나 큰 힘을 가졌는지를 말해준다. 그는 볼품없어 보이는 건물을 사들여 최고급으로 인테리어를 바꾼 뒤 엄청나게 비싼 가격으로 되파는 방식으로 부자가 되었다. 사람들이 휘황찬란한 겉모습의 유혹에서 벗어나기 힘들다는 사실을 이용해 부자가 된 셈이다.

EBS의 〈다큐프라임〉이라는 프로그램은 겉모습이 보여주는 강력한 힘을 살펴보기 위해 다음과 같은 실험을 하기도 했다. 프로그램 제작진들은 같은 남자를 한 번은 남루한 복장에 꾸미지 않은 모습으로, 다른 한 번은 값비싼 복장에 꾸민 모습으로 사람들에게 보여주고 그의 연령과 직업, 연봉을 가늠해 보라고 했다. 또 다른 실험에서는 어린아이를 한 번은 고급 레스토랑에서, 다른 한 번은 길바닥에서 사진을 찍어 사람들에게 그 사진을 제시했다. 그리고는 각각의 아이가 수학 문제를 맞힐 가능성을 가늠해 보라고 했다.

우리가 이 실험에 참여했다면 어떤 반응을 보였을까? 모르긴 몰라도 외모가 깔끔하고 세련되어 보일수록, 그가 더 젊고, 더 좋은 직업을 가졌고, 연봉도 더 높을 것이라 예상할 것이다. 또한 고급 레스토랑 속 아이가 길바닥에 앉아 있던 아이보다 문제를 더 잘 풀 것이라 기대했을 것이다. 우리는 쉽게 외모에 바탕을 둔 판단을 하기 때문이다.

이처럼 겉모습이 불러오는 기대의 막강한 영향력에 대한 예는 수없이 많다. 그렇다면 우리는 왜 이렇게 겉모습에 현혹되는 것일까? 그리고 겉모습에 이끌린 기대에 대해 우리는 어떻게 판단하고 해석하면 좋을까?

후광 효과가 이끄는 잘못된 기대

부자이지만 거지 행세를 한 할머니와 책표지를 어떻게 할 것인가를 고민하는 출판사, 낡은 건물을 더 멋지게 만들어 건물 가격을 올리는 트럼프, 모두는 알고 있다. 우리가 겉으로 보이는 단 하나의 특성에만 집중하고 그 특성의 지배를 크게 받는 바람에 그 특성과는 관련이 없는 다른 특성까지 잘못 기대하고 예상하는 경향이 있다는 사실을 말이다.

그래서 우리는 다른 삶을 연기하고 있는 부자 할머니의 떨리는 손에 마음 아파하며 돈을 올려놓았고, 더 끌리는 표지의 책을 사기 위해 지갑을 열었고, 반짝반짝 빛나는 집에 많은 돈을 투자하는 것이다. 이 모든 왜곡된 인식과 잘못된 선택의 과정은 한 가지나 소수의 특성을 중심으로 나머지 구체적인 특성까지 기대하는 '후광 효과(Halo effect)'와 관련이 있다.

후광 효과란 몇 가지 단서만을 가지고 한 번 판단한 타인 혹은 어떤 사안에 대한 인상이 다른 영역에 대한 평가에도 영향을 미친다는 것을 말한다. 예를 들어 우리 앞에 그다지 특징적이지 않은 외모와 자신 없어 보이는 표정을 한 사람이 서 있다고 하자. 아마 우리는 그를 별 볼일 없는 사람이라고 은연중에 판단하게 될지도 모른다. 하지만 이 사람이 전 세계적으로 유명한 천재적인 바이올리니스트로 최근 국제 대회의 권위 있는 상을 휩쓸고 있다는 이야기를 들었다고 할 때와 그렇지 않았을 때를 생각해보자. 그 사람에 대한 평가는 판이하게 달라질 것이다.

후광 효과는 제1차 세계대전 당시 미국의 유명한 심리학자 가운데 한 명인 에드워드 손다이크(Edward Thorndike)가 처음으로 주목했던 심리현상이다. 손다이크는 상사가 부하를 평가하는 방식을 연구했는데, 그는 장교들이 부하의 특성을 평가하는 방식에서 특징적으로 나타나는 현상을 관찰할 수 있었다. 탁월하다고 평가된 병사들은 거의 모든 항목에서 점수가 높게 나왔다. 반면에 다른 병사들은 거의 모든 항목에서 평균 이하인 점수가 나왔다. 예를 들어 장교들은 미남이고 품행이 바른 병사가 사격실력도 좋고, 전투화도 잘 닦고, 하모니카도 잘 분다고 평가했다. 한두 가지 시각적 단서만으로 그 사람의 다른 영역들도 함께 판단하고 기대하는 현상이 나타난 것이다.

거지 할머니와 관련된 후광 효과는 겉으로 드러난 용모와 인상으로 더 많은 것을 평가하는 외모의 후광 효과라고 할 수 있다. 볼품없는 외모만 보고 할머니가 거지라고 판단을 한 것처럼, 아름답고 매력적인 외모를 가진 사람을 볼 때 우리는 다른 객관적인 증거 없이 그 사람의 능력을 좋게 판단할 가능성이 크다. 성격이나 능력과 같이 시간이 흐르고 관계가 깊어져야 알 수 있는 것들은 모호해서 특징이 한눈에 드러나지 않는다. 하지만 그에 비해 외모나 학벌과 같이 한눈에 드러나고 확실해 보이는 것은 특징이 선명해 우리를 후광 효과로 이끌 가능성이 크다.

심리학자 니콜라스 룰(Nicholas Rule)은 우리가 리더의 인상에 따라 회사의 실적이 어떠할지 기대하는 경향이 있다는 것을 밝히는 실험을 하기도 했다. 그는 〈포춘(Fortune)〉지에서 선정한 100대 기업 가운데 중년 백인 남자가 운영하는 상위 25개의 기업과 하위 25개의 기업을 뽑았다. 그런 다음 기업을 이끄는 CEO 사진을 확보하고 실험 참여자들에게 그들의 실적이 어떨 것이라고 기대하는지 물었다.

그 결과 그는 사람들이 더 멋지고 매력적인 외모를 가진 CEO가 회사를 더 성공적으로 이끌 것이라고 기대한다는 사실을 밝혔다. 여기서 더 재미있는 것은 실험자들이 실적이 좋을 것이라고 기대했던 회사가 실제로도 실적이 좋았다는 사실이다. 실험 결과는 매력적인 외모가 CEO의 실적에 대한 기대를 높이고 그렇게 높아진 기대는 실제 수행에도 긍정적인 영향을 줄 수도 있다는 점을 말해준다. 그만큼 후광 효과는 강력하지만 분명 우리에게 잘못되거나 지나친 기대를 심어줄 수도 있기 때문에 우리는 쉽게 이 효과에 현혹된다.

외모의 후광 효과,
왜 나타나는가?

일상에서 후광 효과는 비일비재하게 나타난다. 우리는 지금까지 후광 효과에 대한 다양한 예를 보았다. 그로 인해 겉 다르고 속 다를 수 있는 타인에 대한 판단 착오의 씁쓸함을 느끼지만 후광 효과에서 벗어나기란 쉽지 않다. 또한 많은 경우 우리는 이 효과를 전략적으로 활용하기도 한다. 우리가 좋은 옷을 입고, 외모를 가꾸고, 스펙을 다지는 것은 자신에 대한 긍정적인 기대를 불러일으키기 위한 것이라고 할 수 있는 것이다.

후광 효과가 나타나는 이유는 크게 보상에 대한 기대와 인지부조화라는 두 가지 측면에서 살펴볼 수 있다. 다음의 내용을 살펴보자.

보상에 대한 기대

후광 효과가 왜 이토록 강력한 힘을 발휘하는지에 대한 의문을 풀기 위해 잠시 머릿속으로 매력적인 외모를 가진 사람을 떠올려 보자. 자연스레 기분이 좋아지고 입가에 저절로 미소가 지어지지 않는가?

이는 후광 효과가 왜 나타나는지와 관련이 있다. 매력적인 사람을 본다는 것은 우리의 기분을 좋게 하기 때문에, 우리는 매력적인 외모를 가진 사람을 좋아하고 그들에게 더 호의적인 모습을 보이게 되는 것이다.

학자들은 매력이 우리에게 주는 심미적인 즐거움이 보상에 대한 기대를 자극한다고 말한다. 매력적인 외모를 가진 사람을 볼 때 우리 뇌를 관찰해보면 보상과 관련된 부분이 활성화된다. 이 것은 아름답고 매력적인 사람들을 보면 우리 안의 부족한 것이 채워지거나 지금보다 더 좋은 상태로 전환되리라는 기대를 하게 되기 때문이라고 한다. 이는 마치 배가 고프거나 목이 마를 때 음료수나 음식을 보는 것처럼 자연스럽다.

인지부조화

스위스의 국제경영개발원(IMD; International Institute for Management Development) 로젠츠바이크(Phil Rosenzweig) 교수는 그의 저서 『헤일로 이펙트(The Halo Effect)』에서 후광 효과는 심리

적으로 일관된 그림을 그리고 유지함으로써 인지부조화를 줄이고 싶기에 나타난다고 보았다. 인지부조화는 자기 자신에 대해서든 타인에 대해서든 일단 한 번 인상을 형성하고 나면 그와 상반된 특성은 무시하거나 이미 정해진 인상에 맞게 고치는 것을 말한다.

예를 들어 이미 소개팅을 한 뒤 누군가의 외모가 마음에 들었다면, '그 사람은 괜찮은 사람'이라는 명제에 부합하는 특징들이 더 크게 눈에 들어온다는 것이다. 즉 그 사람의 매력적인 외모로 인해 그 사람의 성격도 좋아 보이고 능력도 있을 것처럼 생각되는 것이다.

이는 면접을 볼 때도 마찬가지다. 이미 지원자의 화려한 스펙과 학업적 배경에 대한 정보를 가진 면접관들은 특징적으로 드러난 한두 가지의 특성에 기대어 그 사람을 평가하기 쉽다. 그렇기 때문에 좋은 교육 배경을 가진 사람이 좋은 사람일 거라 기대하고, 다른 평가 항목(성격이나 태도)들도 긍정적으로 기대해 평가할 가능성이 크다.

결국 후광 효과는 우리의 겉모습으로 겉모습 이상을 판단하게 만든다. 그런 이유에서 우리는 겉모습에 쉽게 현혹될 뿐만 아니라 외양에도 신경을 많이 쓰는 것이다.

방치된 겉모습이 일으키는
부정적인 기대

겉모습은 사람에 대한 기대를 넘어 환경에 대한 기대에도 영향을 미친다. 우리가 매력적인 겉모습 때문에 어떤 대상에 대해 긍정적인 기대를 하게 된다면 그 반대의 경우도 가능하다. 뉴욕 시장이었던 루돌프 줄리아니(Rudolph Giuliani)는 범죄와의 전쟁에 바로 이 점을 활용하고 싶어했다.

1994년 뉴욕 시장으로 선출된 줄리아니는 그 당시 뉴욕의 심각한 문제로 대두되었던 치안과 범죄 문제를 해결하기 위해 범죄와의 전쟁을 선포했다. 줄리아니는 강력 범죄뿐만 아니라 사소한 범죄 하나하나까지 집중했고, 뉴욕의 외관을 바꾸는 일을 중요하게 생각했다.

그런 그의 정책은 겉으로 보기에는 강력 범죄가 자주 일어났던 뉴욕의 상황에 맞지 않는 것처럼 보였다. 많은 사람들이 강력 범죄에 집중하지 않으면서 강력 범죄를 잡겠다고 하는 그의 정책에 의문을 제기하기도 했다. 그렇지만 줄리아니가 이런 정책을 적용한 것은 나름의 이유가 있었다. 그의 정책은 범죄학자 제임스 윌슨(James Wilson)과 조지 켈링(George Kelling)이 발표한 이른바 '깨진 유리창 이론(Broken Windows Theory)'에 기반을 두고 있었기 때문이다.

깨진 유리창 이론에 따르면 깨진 유리창과 같은 사소한 환경적 특징이 후에 강력 범죄로 발전할 수 있는 통로를 마련한다고 한다. 그들은 슬럼가에 범죄가 나타나고 더 강력한 범죄로 확산되는 것을 다음과 같은 방식으로 설명했다.

"이사를 가고 아무도 없는 빈집에 한 아이가 돌을 던졌다. 유리창이 깨졌지만 아무도 제지하지 않았다. 그러자 그 아이는 다른 빈집에도 돌을 던졌고, 그가 제지당하지 않는 모습을 보며 다른 아이들도 빈집에 돌을 던진다. 그 누구도 깨진 유리조각들을 치우지 않고 그대로 방치하자 마을에는 음산한 분위기가 감돈다. 그 때문에 예전보다 더 많은 사람들이 마을을 떠났고 빈집은 늘어만 갔다. 방치된 빈집의 유리창은 어김없이 깨졌다. 결국 마을은 슬럼가가 되어 절도, 방화, 살인이 나타났고 이런 범죄를 저지르는 범죄자들의 집결지가 되었다."

다른 심리학자 필립 짐바르도(Philip Zimbardo) 역시 이와 관련된 실험을 했었다. 그는 치안이 허술한 골목에 보존 상태가 동일한두 대의 자동차를 보닛이 열린 상태로 일주일간 방치했다. 두 대의 자동차는 같은 상태였지만 한 대의 자동차만 유리가 조금 깨져 있었다는 점에서 달랐다. 일주일 뒤 이 두 자동차를 비교해 보면 어떻게 달라져 있을까?

처음에 두 자동차는 외견상 큰 차이가 없었다. 그저 한쪽의 자동차는 유리가 조금 깨져 있다는 차이가 있었을 뿐이었다. 그런데 유리가 깨진 차의 배터리가 사라지는 데에는 단 십분 밖에 걸리지 않았다고 한다. 일주일 뒤에 두 자동차의 모습을 비교해봤을 때도 큰 차이를 보였다. 유리가 깨진 차는 배터리에 이어 타이어도 사라졌고, 차 겉면에는 온갖 낙서로 도배가 되어 있었으며, 파손상태가 심각했다. 반면에 보닛이 열려 있었지만 유리가 깨지지 않았던 다른 차는 일주일 전의 상태 그대로 있었다. 유리가 깨진 사소한 외양의 차이가 이렇게 다른 결과를 가져온 것이다.

깨진 유리창 이론은 사소한 무질서를 방치하면 이로 인해 더 큰 문제가 나타난다는 메시지를 담고 있다. 어떤 면에서 깨진 유리창 이론은 사소한 외양적 단서를 보고 외양적인 면 이외의 다른 특징까지 호의적으로 기대하고, 아름답거나 매력적인 모습에 보상을 기대하게 만드는 후광 효과의 쌍둥이 이론으로 볼 수 있다. 사람들이 아름다운 모습을 보고 호의적으로 대하는 것처럼, 깨진 유리창을 보고 그 차가 버려진 것이라는 확신 아래 함부로 대한다는 것을 나타내니 말이다. 그만큼 겉으로 드러난 모습이 불러오는 기대의 영향력은 그것이 긍정적이든 부정적이든 강력하다.

강력 범죄를 막기 위해 슬럼가의 겉모습을 바꾸는 정책을 펼쳤던 줄리아니 뉴욕 시장처럼 '디자인 수도'라는 캠페인 아래 외관 꾸미기에 많은 투자를 했던 오세훈 전 서울시장도 이 같은 사실을 잘 파악하고 있다. 그들은 외양에 따른 기대가 얼마나 큰 차이를 불러오는지 잘 알고 있고, 겉모습이 불러일으키는 긍정적 기대와 부정적 기대의 영향을 잘 간파하고 있었던 것이다.

사람에 대한 기대도 마찬가지다. 우리는 옷차림이라는 사소한 단서에서 그 사람이 무슨 일을 하고 어떤 사람인지를 예상한다. 우리가 매일 아침 옷장에서 무엇을 꺼내 입을지, 어떤 옷을 살지 고민하는 것은 바로 이런 외모의 긍정적 후광 효과와 부정적 후광 효과를 이해하고 있기 때문이다.

잘못된 선택을 부르는 후광 효과의 역습

하나를 보고 나머지의 구체적인 특성도 기대하는 후광 효과는 빠른 시간 안에 자신을 표현하고 다른 사람을 파악해서 결정을 내려 선택해야 하는 지금의 우리사회에 더 큰 영향을 미친다. 변화의 속도가 빨라지고 더 많은 사람들을 만날 기회가 많아졌다. 그만큼 우리는 실제가 아닌 후광을 등에 업은 기대와 환상으로 상황을 판단하기 쉽다.

그런데 때로 겉모습이 불러온 기대는 우리를 힘들게 하거나 잘못된 선택으로 이끌기도 한다. 다음과 같은 예를 통해 후광 효과의 역습을 생각해보자.

영화 〈우리 의사 선생님〉은 가짜 의사인 이노 씨가 시골 마을에서 의사로 활동하다가 양심에 못 이겨 결국 사라지게 된다는 내용을 담고 있다. 이노 씨는 마을에서 사라지기 전까지 실력과 덕망을 두루 갖춘 헌신적인 의사로 동료 의사들의 찬사와 존경도 받는다. 전문적으로 의술을 배워본 적이 전혀 없지만 전직 의약용품 외판원이었던 그는 장장 3년 반에 걸쳐 마을 사람들은 물론 전문 의사들도 의심하지 않을 정도로 의사 행세를 할 수 있었다. 그것은 바로 하얀 의사 가운의 후광 효과 때문이었다. 병원에서 의사 가운을 입고 있는 사람이 의사가 아니라고 의심하기는 쉽지 않은 것이다.

우리가 입는 제복과 타이틀은 때로 우리 전체를 대변해준다. 이 영화에서처럼 의사가 아닌 사람이 의사 가운을 입고 있더라도 우리는 그 사람이 전문가라고 믿고 그 사람의 진단에 의지를 한다.

또한 우리는 판단을 내릴 때 소위 전문가라고 하는 사람들의 말에 큰 비중을 싣고 의심하지 않은 채 쉽게 받아들이기도 한다. 전문가라고 항상 옳은 답만 이야기 하는 것도 아니고, 전교 일등의 후광을 가진 사람조차 틀릴 때가 있다. 그럼에도 우리는 외양만 보고 판단을 하고, 겉모습이 불러온 잘못된 기대는 우리를 잘못된 판단으로 오도한다.

외모가 빼어난 것이 불리한 상황도 있다

우리는 후광효과를 보며 우리가 멋진 외모와 시선을 끄는 특징적인 인상을 가지고 있으면 효과가 우리에게 긍정적으로 작용할 것이라고 생각하게 된다. 물론 후광효과는 그런 면이 있다. 우리가 다이어트를 그렇게 열심히 하는 것도, 좋은 첫 인상을 남기기 위해 각고의 노력을 기울이는 것도 모두 그런 후광효과를 기대하기 때문이다.

그러나 후광효과는 외모나 첫인상만으로 다 보여줄 수 없고 설명할 수 없는 우리가 가진 중요한 특징들을 가리게 된다. 하나가 강조됨으로써 다른 면들이 감춰지는 것이다.

또한 우리가 외모나 인상이 아닌 다른 면을 타인에게 드러내고 싶을 때 오히려 우리에게 부정적으로 작용하기도 한다. 우리에게는 외모나 인상 외에도 우리 자신의 중요한 특징이라고 할 수 있는 다른 면모가 있는데 후광효과로 인해 그런 면모나 능력이 상대적으로 과소평가되기가 쉽다. 이처럼 후광 효과는 그리 오래가지 않거나 때로는 우리에게 불리하게 작용하는 양날의 칼이 될 수 있다.

후광 효과,
어떻게 볼 것인가?

지금까지 우리는 사소한 하나의 시각적 단서 때문에 잘못된 기대를 하게 될 가능성을 보여주는 외모의 후광 효과를 살펴보았다. 더 나은 판단을 위해 우리는 보고 듣고 냄새를 맡고 만지고 맛보는 모든 오감을 이용하는 것이 좋지만, 우리의 판단은 많은 부분을 시각에 의존한다. 그러다보면 반짝반짝 빛나는 모습에 쉽게 현혹되어 잘못된 판단을 내리기 쉽다. 하지만 반짝인다고 다 금은 아니다. 그렇다면 이러한 후광 효과는 우리에게 무엇을 말해주는가?

보이는 것에 휘둘리지 말라

우리는 아름다움과 매력에 현혹되기 쉽다. 매력적이고 아름다운 모델을 이용한 광고는 우리가 보이는 것에 얼마나 취약한지를 이용해 상품의 가치를 인식시킨다. 또한 그 상품을 통해 모델의 매력과 아름다움을 획득할 수 있을 것 같은 환상을 심어준다. 환상 때문에 우리는 전혀 실용적이지 않은 물건을 단지 예쁘고 괜찮아 보인다는 이유로 터무니없이 비싼 가격에 구입한다. 하지만 이는 환상일 뿐 진실이 아니다.

겉으로 아름답고 매력적이라고 해서 더 아름답고 매력적인 삶을 사는 것은 아니다. 아름다움과 매력, 그리고 겉으로 보이는 모습에 쉽게 현혹되고 사소한 외양적 단서를 보고 섣불리 기대하는 경향이 있다면, 의식적으로 자신의 판단을 면밀히 살펴볼 필요가 있다. 보이는 것이 전부는 아니기 때문이다.

후광 효과의 강력함을 역이용하라

후광 효과의 영향이 강력하므로 우리는 역이용을 생각해볼 필요가 있다. 변화의 속도가 빨라지면서 점점 더 많은 사람들을 쉽게 만나게 되었다. 새로운 사람들을 만나 빠르게 자신을 어필할 필요가 있는 우리사회에서 후광 효과는 예전보다 더 강력한 영향력을 발휘하게 된 것이다.

최근 들어 이미지 메이킹이나 브랜드 이미지라는 개념이 중요해진 이유가 바로 여기에 있다. 시각적 단서는 빠른 시간 내에 더 많은 사람들에게 좋은 이미지를 각인시킬 필요가 있는 우리에게 사소한 듯 보이지만 큰 힘을 지니고 있다.

내가 어떻게 보이고 싶은가를 정하라

내가 어떻게 보이고 싶은가와 내가 실제로 어떻게 보이는가 사이에는 차이가 있다. 만난 지 3초 이내에 결정이 된다는 첫 인상은 그 사람에 대한 평가의 30~70%에 이를 만큼 큰 영향을 미친다.

그렇기 때문에 어떻게 보이고 싶은가와 실제로 어떻게 보이는

가를 잘 조화시킬 필요가 있지만 그것이 그렇게 쉬운 일은 아니다. 예를 들어 어떤 사람은 다른 사람들에게 밝고 구김살 없는 사람으로 비치고 싶어하지만, 그를 처음 본 사람은 전혀 다른 느낌으로 그 사람을 볼 수도 있다. 또한 어떤 사람은 이미지를 좋게 하기 위해 일부러 미소를 짓지만, 그 모습이 부자연스러워 다른 사람들이 부담스러워 할 수도 있다.

다른 사람들에게 내가 어떤 인상으로 비춰지길 바라는가? '내가 어떻게 보이고 싶은가'라는 이상과 '실제로 어떻게 보이는가'의 현실 사이가 좁을수록 우리는 스스로에 대해 자신감을 가지게 된다. 다른 사람의 피드백을 활용해 자신의 모습을 객관적으로 잘 관찰하고 현실적인 목표를 세우자. 이를 통해 자신의 이미지를 관리하고 스스로에 대해 자신감을 가지게 된다.

판단을 보류하라

누군가의 겉모습이나 교육적 배경, 그리고 겉으로 드러난 실적은 그 사람에 대해 많은 것을 이야기해주는 것 같지만 다 이야기해주는 것은 아니다. 누군가의 참된 모습은 오래 시간을 함께 보내고 겪어봐야 알게 되는 면이 있다.

빠른 판단을 내리고 싶은 마음이 들고 전문가의 의견에 맹목적으로 따르게 될 때마다 잠시 멈추자. 그렇게 판단을 보류하고 그 판단이 과연 균형 잡힌 판단인지 다시 살펴볼 필요가 있다.

화려함으로 부실함을 덮지 말고
진심을 전하자

한 교수님은 요즘 대학생들의 프레젠테이션 자료를 보면 한숨이 나온다고 한다. 겉으로 보기에는 화려하고 멋있지만, 실상 그 안에 들어간 내용을 보면 고민의 흔적도 적고 내실이 부족하기에 실망한 것이 한두 번이 아니라는 것이다. 그러면서 그 분은 화려한 것이 각축전을 벌일수록 더 진지한 고민 끝에 나온 결론과 오래 묵힌 진실의 가치가 더 중요해질 것이라고 말했다.

지금 우리는 이런저런 후광의 눈부심으로 인해 제대로 된 기대를 하기가 예전보다 더 어려워진 사회에 살고 있다. 그럴수록 화려한 겉모습을 좇아 잘못된 기대를 하고 있는 것은 아닌지, 겉으로 보이는 화려함으로 내면의 부실함을 덮으려고 하지 않는지 자주 돌아볼 필요가 있다. 잘 살펴보면 화려한 표면 밑에 깔린 진실과 진심을 파악하기란 아주 불가능하지는 않다.

후광효과는 강력하나 오래가지는 않는다. 거품은 언젠가 꺼지고, 잠깐의 반짝임은 다시 어둠 속으로 편입된다. 화려함으로 부실함을 덮는 시도는 종국에는 성공할 수 없다.

우리 마음은 이런저런 화려한 후광에 어지러워질수록 오래가는 묵묵한 진실과 진심에 결국 기대게 된다. 후광이 아닌 진짜를 기대하자.

KEEP CALM
AND
CARRY ON

내면의 소리에 귀를 기울일수록
밖에서 나는 소리를 더 잘 들을 수 있다.
_다그 함마르셸드

chapter 10

결과의 원인에 대해
잘못된 기대를 한다

: 귀인 이론

잘되면 내 탓,
못되면 조상 탓

학교에서 영어듣기평가 성적표를 받아든 우영이의 표정이 별로 좋지 않다. 점수가 생각보다 좋지 않은 모양이다. 우영이는 자신의 성적표를 아무렇게나 구겨 넣고는 옆 분단에 앉아 있는 채연이를 본다.

채연이의 표정만 봐서는 성적이 잘 나왔는지 그렇지 않은지 알수 없다. 하지만 오늘 저녁이면 채연이의 성적을 알게 될 것이 뻔하다. 우영이의 엄마와 채연이의 엄마는 매일 붙어 다니며 우영이와 채연이의 성적을 비교하기 때문이다.

역시나 우영이의 엄마는 우영이가 집에 도착하자마자 성적표부터 꺼내든다. 엄마가 이미 채연이가 만점을 맞은 사실을 알고있다. 성적표를 보자마자 엄마는 100점 맞은 채연이와 70점 맞은우영이를 비교하기 시작한다.

"채연이는 만점 받았다던데. 너는…"

"채연이하고 날 비교하면 안 되지. 개는 어렸을 때 외국에서 살다 왔잖아. 게다가 나는 자리도 별로 안 좋고, 스피커도 안 좋은지 잘 안 들리더라고…."

이렇게 우영이는 시험을 못 본 이유에 대해서는 상황이나 다른 사람 '탓'으로 돌렸다. 하지만 채연이가 시험을 잘 본 이유에 대해서는 다른 방식으로 '덕'을 이야기한다. 채연이가 운이 좋았거나 어렸을 때 외국에서 살다왔기 때문이라는 것이다. 그러면서도 채연이가 시험을 못 봤을 때에는 '걔가 실력이 안 돼서'라며 채연이의 능력을 탓한다. '잘되면 내 탓, 못되면 조상 탓'을 하고 '내가 하면 로맨스, 남이 하면 불륜'인 것처럼 관점에 따라 이유 찾기를 다른 데서 하는 것이다.

우영이만 아니라 우리도 의식적이든 무의식적이든 이런 방식의 '탓'을 한다. 성공에 대해서는 자신의 능력과 노력 덕분이라고 이야기하지만 실패에 대해서는 내 탓이 아닌 환경과 상황 때문이라고 이야기하게 되는 것이다. 또한 다른 사람의 성공에 대해서는 그 사람의 능력이 아닌 운이나 집안 배경 때문이라고 말하기도 한다. 왜 이런 차이가 나타날까?

바로 그 이유는 '귀인(Attribution)'을 달리 하기 때문이다. 귀인은 어떤 사건이나 상황, 그리고 한 사람의 행동에 대한 원인 찾기라고 할 수 있다. 이런 귀인은 사람마다도 제각기 차이가 있지만 상황에 따라서도 달라진다. 그래서 귀인에는 여러 오류와 오해가 발생한다.

관계 속에서 잘못된 기대의 문제는 잘못된 귀인에서 비롯된다. 그러니 귀인은 우리의 정신적 건강은 물론이고 다른 사람과 더 나은 관계를 맺기 위해 반드시 짚고 넘어가야 할 사고의 틀이라고 할 수 있다.

상황에 대한 원인 찾기 게임, 귀인 이론

귀인 이론(Attribution Theory)의 대표적인 학자인 버나드 웨이너(Bernard Weiner)는 처음에 우리가 두 가지 차원에서 귀인을 한다고 보았다. 하나는 상황에 따라 바뀔 수 있는 특성인 '안정성-불안정성 차원(Stability Dimension)'이고, 다른 하나는 스스로 바꿀 수 있는지 아니면 바꿀 수 없는 것인지를 보여주는 '내적-외적인 통제 차원(Locus of Control)'이다. 이 두 조합을 통해 나타나는 귀인 양식은 네 가지다. 앞에서 우영이의 예로 살펴보면 다음에 제시된 표와 같다.

시험결과에 대해서 뿐만 아니라 우리 일상의 다양한 일에서도 이런 귀인이 나타난다. 만약 우영이가 공부를 안해도 좋은 결과

구분	안정 (상황에 따라 달라지지 않음)	불안정 (상황에 따라 달라짐)
내적 (자신이 통제함)	능력 → "내가 영어 실력이 좀 있어서 시험을 잘 봤어."	노력 → "이번에 좀 열심히 공부를 했으니 잘 본거지."
외적 (자신이 통제 못함)	과제의 난이도 → "이번에 시험이 쉬워서 시험을 잘 봤지"	행운 → "공부를 별로 안 했지만 공부한데서 많이 나왔어."

가 나와 이번 시험을 잘 봤다면 우영이는 스스로 운이 좋다고 여길 것이다. 이렇게 행운 귀인에 얽매여 우영이는 다음 시험을 볼 때도 준비를 제대로 안 하고 요행을 바라게 될지 모른다. 그런데 우영이가 좋은 성적에 대해 노력 귀인을 한다면 이번 결과를 노력한 만큼 좋은 성적이 나온다는 의미 있는 성취의 경험으로 인식하고 앞으로도 열심히 노력할 가능성이 크다. 이렇듯 귀인을 어떻게 하는가에 따라 그 사람의 다음 행동이 달라지기 때문에 귀인을 잘 살펴볼 필요가 있다.

앞에서 우리는 우영이가 채연이의 좋은 성적에 대한 귀인과 자신의 좋은 성적에 대한 귀인을 확연히 다르게 인식한다는 것을 살펴봤다. 자신에 대한 귀인과 다른 사람에 대한 귀인이 이렇게 차이가 나는 것이다. 우영이만 아니라 우리도 때로 자신과 타인의 귀인에 일관성 없이 판단하기도 하며, 자신의 행동에 대해 잘못된 방식으로 귀인을 하기도 한다.

귀인 방식에 따라
감정의 색이 달라진다

귀인을 어떻게 하는가는 우리의 기분에도 영향을 미친다. 웨이너는 정서에 관한 귀인 모델을 만들고 결과에 대해 어떤 정서를 느끼는가가 어떤 방식으로 귀인을 하는가와 관련이 있음을 밝혔다. 다음의 경우에 우리가 어떤 감정을 느끼게 될지 생각해보자.

- 자부심 : 긍정적 결과를 내적 원인에 귀인

  → 우영이는 수학 시험에서 좋은 점수를 받고 난 후 '내가 잘해서'라고 귀인을 한다. 이때 그는 긍정적인 결과를 내적 원인에 귀인시킴으로써 자부심을 느낀다.

- 희망 : 긍정적 결과를 안정적 원인에 귀인

  → 혜선이는 자신이 '피아노에 소질이 있어서' 연주를 잘할 수 있었다고 생각한다. 그러면서 앞으로 더 잘 연주할 것이고, 더 발전해나갈 것이라는 희망을 품게 된다.

- 감사 : 긍정적 결과를 외적 원인에 귀인

  → 독실한 기독교 신자인 주현이는 자신이 이번 시험에 무사히 통과할 수 있었던 이유는 '하나님이 이끌어주셔서'라고 생각한다.

- 분노 : 부정적 결과를 외적이면서도 통제 가능한 원인에 귀인

  → 열렬한 축구 팬인 종혁이는 이번 시합에서 진 이유가 '심판의 편파 판정'에서 비롯되었다고 생각한다.

- 연민 : 부정적 결과를 외적이면서도 통제 불가능한 원인에 귀인

  → 소현이는 TV를 통해 소말리아 난민들의 고통을 보며 '어떻게 할 수 없다'는 생각에 눈시울을 적신다.

- 죄책감 : 부정적인 결과를 내적이면서도 통제 가능한 원인에 귀인

  → 어려움에 빠진 사람을 '도울 수도 있었는데, 그냥 지나쳤다'는 생각에 재민이는 마음이 좋지 않다.

- 부끄러움 : 부정적 결과를 내적이면서도 통제 불가능한 원인에 귀인

  → 면접에서 떨어진 현수는 '자신의 인상이 별로 좋지 않아서'라고 생각하며 스스로를 부끄럽다고 느낀다.

이처럼 귀인을 어떻게 하는가는 우리가 벌어진 상황을 어떻게 판단하고 어떤 정서를 느끼게 되는가에 큰 영향을 미친다. 우리가 스스로의 귀인 방식을 잘 살펴봐야 하는 이유가 바로 여기에 있다.

우리가 잘 빠지는
귀인의 함정

우리의 정신건강은 물론 다른 사람과 원만한 관계를 유지해 나가기 위해서는 제대로 된 귀인을 하는 것이 중요하다. 하지만 다양한 이유 때문에 우리가 매번 정확한 귀인을 하기는 사실상 불가능하다. 많은 학자들은 그 사실에 착안해 귀인의 오류를 밝히는 실험을 했다.

우리는 이런 오류 때문에 일상에서 일어나는 다양한 귀인의 함정에서 빠져나와 타인, 그리고 삶에서 일어나는 다양한 사건들을 잘못 해석하는 경우가 많다. 그런 잘못된 해석은 결국 잘못된 기대를 불러와 우리의 시야를 흐리게 하고, 나와 타인이 맺는 관계를 소원하게 만든다. 우리가 흔히 잘 빠지는 귀인의 함정은 다음과 같다.

기본적 귀인 오류 – 상황을 고려하지 않는다

혜수 씨는 우울하다. 최근 열심히 준비했던 시험에서 제 실력을 발휘하지 못했고, 남자친구는 군대에 입대한다고 한다. 요즘 들어 되는 일이 별로 없는 것 같고 일상에 새로운 것이 없어 따분하다. 무기력한 기분에 그녀는 친구들과 어머니에게 "요즘 너무 우울해요"라며 하소연을 했다.

그렇게 말을 하면 어머니와 친구들이 위로를 해줄 거라 생각했던 것이다. 그런데 그들의 반응을 듣고 난 후 혜수 씨는 더 우울해졌다. 그녀의 어머니는 "넌 어렸을 때부터 의지가 약해 자꾸 우울하다고 하더라"라고 말했고, 친구들은 "우리도 우울해"라며 그녀의 상황을 이해해주려 하지 않았기 때문이다. 혜수 씨는 그들의 반응에 자신이 충분히 이해받지 못한 느낌을 받았다.

우울했던 혜수 씨가 더 우울해지고 이해받지 못한 느낌을 받은 이유는 '기본적 귀인 오류(Fundamental Attribution Error)'와 관련이 깊다.

심리학자 리 로스(Lee Ross)는 상황을 지켜보는 관찰자의 입장이 되면 우리는 행위자의 모습을 기질적 요인(능력이나 특성)에 과다하게 귀인하는 경향이 있다는 것을 설명한다. 내가 우울할 때에는 상황적인 이유를 감안할 수 있지만 다른 사람의 우울에 대해서는 그 사람의 고정된 특징으로 좁게 해석하는 것이다.

그래서 우리는 다른 사람의 행동에 대해서는 "능력이 부족해서 그래"라든가 "걔는 원래 게을러"라고 이야기하기가 쉽다는 것이다.

예를 들어 야구 경기에서 수비를 하던 선수가 공을 놓치면, 고르지 못했던 경기장 지면의 상태(상황)를 고려하기보다는 공을 놓친 선수의 능력에 주목하며 자질을 탓하고 의심하기 쉽다. 그래서 우리는 운동 경기를 보면서 아주 쉽게 선수의 자질에 대한 비판적인 평가를 하듯 타인의 행동을 보면서 타인의 성격에 대해 불리한 해석을 내리기도 한다.

또한 우리는 누군가가 슬퍼하는 모습을 보면 그 사람의 상황이 슬픔을 불러왔다고 보기보다는 그 사람이 본래 우울한 사람이라고 쉽게 판단을 내리기도 한다. 그러다보니 그 사람의 기분을 이해하려고 하기보다는 "왜 그렇게 우울해 하냐?"며 몰아붙이기 쉽다.

로스는 이를 '기본적' 귀인 오류라고 불러야 한다고 보았다. 왜냐하면 우리가 타인의 행동에 대해 기질 때문이라고 귀인을 하는 경우가 그만큼 자주 일어나기 때문이다. 그는 그런 부정확한 판단이 단순히 해석의 차이라기보다는 명백한 오류라고 보았다.

혜수 씨의 어머니나 친구들이 그녀의 기질이 아니라 상황에 더 주목을 했더라면, 혜수 씨가 우울한 이유에 대해 공감해주고 그녀는 더 쉽게 우울에서 벗어날 수 있었을 텐데 말이다.

행위자 관찰자 오류 — 내 실수는 자질이 아닌 상황 탓이다

에드워드 존스(Edward Jones)와 리처드 니스벳(Richard Nisbett)은 로스의 관점을 더 발전시켰다. 그들은 어떤 행동을 직접하고 있는 당사자는 그 행동의 관찰자보다 상황적 요인으로 자신의 행동을 설명하는 경향이 있다고 보았다. 바로 '행위자 관찰자 오류(Actor Observer Error)'다. 그들은 다음과 같이 말했다.

"자신의 행위에 대한 관찰자가 되면 행위의 순간에 환경적 조건의 역할을 강조한다. 관찰자들은 동일한 행동을 안정된 개인적 기질에 귀인하는 반면에 행위자들은 그들의 행동을 상황적 요구에 귀인하는 경향이 있다."

우리가 자신과 타인에 대해 공정하기 어렵고 자기중심적으로 상황을 해석할 가능성이 크다는 것이다.

그 후 니스벳은 다른 연구자들과 함께 이에 대한 재미있는 연구를 했다. 그는 실험에 참여한 사람들에게 배우자와 전공 선택에 관련된 네 가지 질문을 한 뒤 사람들의 귀인 경향성을 살펴보았다. 그가 실험에서 한 네 가지 질문은 다음과 같다. 같은 질문을 우리에게 한다면 어떻게 대답하겠는가?

- ⊘ 지금 데이트하는 그 사람을 왜 좋아하십니까?
- ⊘ 왜 그 전공을 선택했습니까(혹은 왜 그 일을 선택했습니까)?
- ⊘ 친구는 지금 데이트하는 그 사람을 왜 좋아할까요?
- ⊘ 친구는 그 전공을 왜 선택했을까요(혹은 왜 그 일을 선택했을까요)?

니스벳과 동료들은 대부분의 사람들이 그와 같은 질문을 받았을 때 자신에 대한 대답과 친구에 대한 대답을 달리한다는 것을 발견했다. 대부분의 사람들은 자신의 선택에 대해서는 기질적인 이유와 상황적인 이유를 모두 고려해 대답했다. 하지만 타인의 선택에 대해서는 상황적인 이유보다는 기질적인 이유를 더 많이 드는 경향을 보였다. 그만큼 타인의 행동을 더 기질적이고 성격적으로 판단할 가능성이 크다는 것이다.

또한 그들은 사람들이 자신의 행동과 타인의 행동에 대한 기질적 귀인 경향성은 비슷했으나 자신에 대한 설명에는 상황적 귀인을 두 배 정도 더 많이 포함시킨다는 것도 밝혔다.

이 연구는 타인의 행동에 대해서는(특히 타인의 실수에 대해) 상황귀인을 적게 사용하는 반면에 자신의 행동에 대해서는(특히 나의 실수에 대해) 과도한 상황 귀인을 사용할 수 있다는 점을 보여준다. 우리가 가진 자기중심적 해석 방식을 꼬집어준다. 자신의 행동에 대한 귀인과 타인의 행동에 대한 귀인 사이에는 언제나 차이가 있을 수 밖에 없다는 점도 말해준다.

그리고 이 결과는 우리가 더 정확한 판단을 내리기 위해서는 스스로에 대해서는 더 엄격하게, 타인에 대해서는 더 관대하게 해석할 여지를 가질 필요가 있음을 보여준다.

자기 충족적 귀인 — 나에게 유리한 해석을 한다

갈등 상황에 있는 결혼한 부부나 커플, 그리고 팀 프로젝트를 진행중인 사람들의 이야기를 한 번 들어보자. 그들은 현재 자신은 잘하고 있지만 타인은 못했다고 말하며 서로 갈등하고 불만에

차 있다. 자신의 기여도와 타인의 기여도에 대한 입장 차이 때문에 갈등하게 되는 것이다.

예를 들어 '내가 쓰레기를 더 자주 버린다', '내가 전화를 더 자주 한다', '내가 집안일을 더 많이 한다', '이 프로젝트는 내가 끌고 가다시피 했다'와 같이 관계와 성취에서 자신의 긍정적 역할을 더 크게 본다.

이렇게 긍정적인 결과에서는 자신의 기여를 크게 보지만 반면에 부정적인 결과에서는 타인의 기여를 더 크게 보기에 갈등은 더 심화된다.

프로젝트가 실패로 끝나거나 관계가 위기에 직면하면 '집안일이 어떻게 돌아가는지 무관심하다', '연락에 즉각적으로 답하지 않는다', '해야 할 일도 안했다'와 같이 이야기하며 상대의 부정적인 기여도를 더 크게 지각하는 모습을 보인다.

데일 밀러(Dale Miller)와 마이클 로스(Micheal Ross)는 이런 사람들의 모습을 보며 "사람들은 실패보다 성공에 대해 더 큰 책임을 수용하는 경향이 있다"고 했다.

자기 충족적 귀인의 실패에 대해서는 다른 사람을 탓하거나 상황을 탓하는 반면에 성공에 대해서는 자신의 기여도를 크게 보는 '자기 충족적 귀인(Self Serving Attribution)'을 한다는 것이다.

잘못된 귀인 경향성의 폐해,
자아중심성

앞서 설명한 세 가지의 귀인 오류는 우리가 잘못된 곳에서 원인을 찾기 때문에 우리와 타인과의 관계에 오해가 생기기 쉽다는 것을 보여준다. 이런 귀인 오류는 관계에 걸림돌이 될 수밖에 없다. 다음과 같은 경우를 생각해보자.

A씨는 오늘 아침 지각을 했다. 그는 자신이 지각을 한 이유에 대해 '지하철이 연착해' 늦었다는 상황 귀인을 하지만, 그의 상사인 B씨는 '그가 게을러서' 늦었다는 기질 귀인을 한다. 그들은 서로에게 불만이 많다.

C씨는 최근에 유행하는 스마트폰을 구입했다. 그는 자신이 그것을 구입한 이유를 '반드시 필요해'라며 상황 귀인을 하지만, C씨의 친구인 D씨는 '그가 허영심이 많기 때문'이라며 기질 귀인을 한다. 그들은 서로를 잘 이해하지 못하고 있다.

E씨의 부하직원들은 그에게 불만이 많다. E씨는 자신의 잘못에 대해서는 '그럴만한 이유가 있었다'며 상황 귀인을 하지만, 같은 잘못을 다른 사람이 하면 '자질이 부족해서'라며 기질 귀인을 한다. E씨의 이런 이중적인 기준 때문에 부하직원들은 틈만 나면 그에 대한 험담을 하기 바쁘다.

F씨는 남자친구 G씨와 헤어지기로 결심했다. 남자친구가 자신

과의 관계에서 성실한 모습을 보이지 않는 것 같기 때문이다. 그녀는 혼자서만 그 관계를 이끌기 위해 노력했다고 생각하며, 자신이 이별까지 결심한 데에는 남자친구에게 책임이 있는 것 같다는 생각에 억울하고 분하다. 반면에 그녀의 남자친구는 자신의 노력은 결코 인정하지 않고 틈만 나면 불만을 털어놓는 그녀가 부담스럽고 억울하다.

이렇게 같은 행위를 보는 서로의 관점이 다르기 때문에 서로에 대한 해석도 다르다. 이런 해석 차이는 '저 사람은 본래 그러니까', '나는 이럴 수밖에 없어'라는 입장에 각자 스스로를 묶어두고 소통의 가능성을 막는다. 이렇게 서로에 대한 기대는 점점 더 왜곡된 방식으로 흘러가고, 갈등의 골은 더 깊어져 간다. 그러다 보니 서로 원하는 것을 허심탄회하게 말하고 받아들일 준비를 하지 못하는 것이다.

자아중심성에서 벗어나지 못하는
세 가지 이유

앞서 설명한 모든 갈등의 씨앗이 된 귀인 오류는 공통적으로 우리의 자아중심성이 얼마나 강한가를 보여준다. 서로를 이해하고 소통하기 위해서는 자아중심성에서 벗어나 객관적으로 원인 규명을 할 줄 알고, 서로가 무엇을 보고 있는지 나눌 수 있어야 한다. 하지만 때때로 우리는 자아중심성에서 벗어나기가 쉽지 않다는 사실을 경험한다. 그렇게 우리는 서로 다른 것을 보면서 상대가 내 입장을 이해하지 못한다며 힘들어하고, 나의 관점과 환상으로 상대에게 원하는 기대를 요구한다. 그러다보니 서로의 기대가 꼬이고 갈등하며 관계 속에서 부담감을 느끼게 된다. 왜 우리는 자아중심적인 귀인을 하게 되는 것일까?

자아중심성은 다음과 같이 크게 세 가지 원인으로 나누어 살펴볼 수 있다.

나에 대해선 더 많은 것을, 더 잘 기억한다

앞의 A씨의 경우를 생각해보자. 그는 자신이 지각을 한 이유에 대해 지하철이 연착했다는 사실을 기억하고 있다. 그래서 자신이 본래 서두르지 않는 느긋한 특성이 있다는 기질 귀인을 하기보다는 지하철 연착이라는 상황 귀인을 한다. 반면에 그의 상사인 B씨는 지하철이 연착되었다는 상황을 모른다. 그가 기억하는 것은 A씨의 기억과 다르다. 상사 B씨의 기억 속에서 A씨는 예전에도 지각을 한 적이 있다. 말하자면 서로 기억하는 것이 다르니 판단을 내릴 때 참조하는 근거가 다른 것이다.

'누가 더 쓰레기통을 자주 치우는가'라는 주제로 싸우는 신혼부부와 '누가 프로젝트의 성공에 더 많은 기여를 했는가'를 놓고 다투는 팀원들 역시 마찬가지다. 그들은 각자 자신이 한 일에 대해서는 머릿속 기억 저장고에서 더 빨리, 더 많이 출력해 낼 수 있다. 그렇기 때문에 실제로 자신에 대한 기억이 더 많다. 자신이 더 많이 한 것만 같고 다른 사람들의 기여에 대해서는 정보가 적다. 자신이 더 많이 기여했다는 생각에 억울한 기분이 든다.

결국 B씨는 지각을 한 A씨의 상황 설명을 들어보기도 전에 화를 내게 되고, 열심히 일해도 공이 나에게 돌아오지 않는다며 억울해하는 팀원이 생기고 부부는 갈등하게 되는 것이다. 상대에 대한 빈약한 정보를 가지고 있을수록 우리는 타인의 행동은 부정적으로 해석하고, 타인에 대한 부정적인 기대를 하게 된다. 물론 이런 상황에서 타인과 원만한 관계를 맺기란 힘들다.

오류가 나에게 도움이 된다

우리는 자신에게 도움이 되는 점 때문에 쉽게 자기중심성에서 벗어나지 못한다. 다음과 같은 경우를 생각해보자.

언젠가 나는 한 토론 모임에서 다음과 같은 주제로 찬반토론을 벌이는 사람들의 모습을 관찰하게 되었다. 그날의 주제는 '행정수도 이전 문제에 대한 정부의 정책'이었다. 서울을 중심으로 수도권에만 집중되어 있는 힘을 분산시키기 위해 행정수도를 지방으로 옮기려는 정책에 대한 열띤 토론이 벌어졌다. 사람들은 각자 찬반으로 나뉘어 토론을 펼쳤다.

찬성을 하는 사람들은 미국과 캐나다, 호주와 같이 행정수도 역할을 하는 도시들을 활용한 사례를 언급하며 균형잡힌 나라발전을 위해 행정수도를 만들어 이전하는 것이 반드시 필요하다고 주장했다. 반면에 반대하는 사람들은 행정수도를 만든다고 해도 탈중심화와 고른 균형발전을 이끌어내기는 어렵다는 점을 밝히는 증거를 들고 나와 이를 반박했다.

한 시간 정도 진행된 토론이 끝나고 쉬는 시간이 되자 나는 그곳에 있던 사람들과 이야기를 하던 중 재미있는 사실을 발견했다. 사람들의 출신을 물어본 뒤에 그들의 의견이 어떠했던가를 살펴보자 서울에서 태어난 사람들은 모두 행정 수도 이전 문제에 부정적인 의견을 냈고, 지방에서 태어난 사람들은 모두 긍정적인 의견을 냈던 것이다.

이 점을 이야기하자 그곳에 있던 사람들이 모두 겸연쩍게 웃었다. 스스로 이성적이고 논리적인 증거와 수치들로 무장해 중립적인 관점에서 토론에 임했다고 생각했지만, 수도 이전이 자신에게 직·간접적으로 도움이 되거나 혹은 해가 될 수 있다는 점이 그들의 의사결정에 어떤 식으로든 영향을 미쳤던 것이다.

그처럼 '자신에게 도움이 되는 면이 있는가, 그렇지 않은가'에 따라 우리의 지각과 해석은 달라진다. 자신을 보호하고 자신을 방어하고 자신에게 이득이 되는 방향으로 상황을 보게 되는 것이다. 우리가 실패보다 성공에 대해 자신의 기여도를 더 크게 지각하는 자기 충족적 오류를 보인다고 지적했던 밀러와 로스는 이런 오류를 범하는 것은 잘못된 기대, 좋은 것을 찾으려는 욕망, 그리고 자아 존중 보호 욕구 때문에 나타난다고 보았다. 결국 우리는 이익이 되는 자극에 반응한다는 것이다.

우리의 시야는 한정되어 있다

인지심리학자인 장 피아제(Jean Piaget)는 우리가 영유아기와 아동기, 청년기에 이르는 발달의 과정을 통해 어떻게 자기중심성에서 벗어나는지 이론적으로 정립했다. 그는 시간의 흐름에 따라 우리가 서서히 자아중심성에서 벗어나고 우리의 입장에서 진실인 것뿐만 아니라 타인의 입장에서 진실인 것까지도 더 볼 수 있게 된다고 보았다. 발달하고 성숙해가면서 점점 시야가 넓어지는 것이다.

그는 우리의 시야가 넓어지는 동시에 사고도 점점 구체적인 것뿐만 아니라 추상적인 것까지 다룰 수 있는 단계로 발전한다고 보았다. 하지만 그는 시간만 흐른다고 저절로 자기중심성에서 벗어나 타인의 관점에 대한 조망이 가능해지거나, 더 높은 사고를 할 수 있는 능력을 갖추게 되는 것은 아니라고 보았다. 교육을 받고 타인의 입장을 헤아리려고 노력하는 성인이 되어도 우리의 시야에는 한계가 있다는 것이다.

시야의 한계와 관련해서 피아제는 아이들을 대상으로 조망에 대한 실험을 하기도 했다. 그는 아주 어린 아이들이 한쪽에서 보는 그림의 모습에 집착하며 다른 쪽에 앉아 있는 다른 사람에게는 그 그림이 다른 모습으로 펼쳐지리라는 것을 가늠하지 못한다는 것을 발견했다.

이를 물리적인 시야의 관점뿐만 아니라 심리적인 시야의 관점으로 확장해서 살펴볼 수도 있다. 아주 어린 시절에는 다른 사람들도 자신이 보는 그대로 볼거라 생각했던 것처럼, 우리는 어른이 되어서도 다른 사람들이 나의 관점을 가지고 있을 것이라고 잘못된 기대를 하게 되는 것이다. 이러한 시야의 한계는 보려고 해도 보이지 않기 때문에 나타나는 자기중심성을 설명해준다. 의도적으로 보지 않으려는 것이 아니라 자신의 한계 때문에 진실이 보이지 않을 때도 있는 것이다.

자기중심성에서 벗어나 역지사지하자

지금까지 우리는 우리의 잘못된 기대 때문에 타인과의 관계에서 오해와 갈등이 생길 수 있다는 점을 살펴보았다. 이를 통해 우리는 우리의 판단이 언제나 합리적이고 이성적이며 중립적이지 않을 수 있다는 사실뿐만 아니라, 그런 타인의 판단 때문에 억울한 일이 생길 수도 있다는 사실을 알게 되었다. 이것은 누구나 자기중심성에서 벗어나기 어렵기 때문이다.

누구나 어느 정도 자기중심성을 유지하는 것이 필요하지만 이런 자기중심성이 지나치면 우리는 힘들어질 뿐만 아니라 타인과의 관계도 어긋나게 된다. 그렇다면 자기중심성에서 벗어나기 위해 우리에게는 어떤 것이 필요할까?

앞에서 살펴본 세 가지 오류를 다시 되새겨보자. 이런 오류들은 우리가 겉으로 드러난 행동을 보고 '그 사람은 이렇다'라고 빠르게 딱지를 붙이기가 얼마나 쉬운지(기본적 귀인 오류) 알려주고, 왜 우리가 '내가 하면 로맨스, 남이 하면 불륜'이라는 공정하지 못한 판단을 내리게 되는지(행위자 관찰자 오류) 설명해준다. 또 왜 우리가 항상 자기중심적으로 판단을 할 수 밖에 없는지도 알려준다.

우리의 판단은 이렇게 오류 투성이다. 다른 사람들은 다 게으른 것 같고, 왜 저렇게 행동하는지 이해할 수 없고, 나 혼자만 일을 다 떠안는 것 같을 때에는 혹시 이런 귀인 오류의 렌즈로 다른 사람의 행동에 왜곡된 기대를 하고 있는 것은 아닌지 다시 돌아볼 필요가 있다.

'역지사지'는 이런 귀인 오류를 방지하기 위해 우리에게 필요한 태도를 요약해준다. 영어로 역지사지는 'Put yourself in my shoes(내 신발을 신어보세요)'라고 표현한다. 그만큼 쉽지는 않다는 것이다. 내 발 사이즈와 맞지 않거나 내가 좋아하는 디자인이 아니거나 지금 내가 입고 있는 옷에 어울리지 않더라도, 일단 신어봐야 하나의 관점에 얽매이지 않고 나와 타인을 더 유연하고 여유롭게 바라볼 수 있다.

나와 타인에 대한 해석은 장님들의 코끼리 만지기 이야기처럼 한계가 있을 수밖에 없다. 어떤 사람은 몸통을 만지며 코끼리를 파악하고, 또 다른 누군가는 코를 만지며 코끼리를 감지한다. 또한 이것이 다른 누군가는 귀를 만지거나 꼬리를 만지며 코끼리를 알아가고 있을 수도 있다.

우리의 모든 판단 방식에는 한계와 오류가 필연적으로 존재할 수 밖에 없다. 내가 알고 있는 것, 내가 판단하는 것을 전부라고 단정짓지 않는 것이 중요하다. 그리고 우리가 다른 사람과 끊임없이 의견을 교류하고 서로의 관점을 확인한 후에 서로에 대한 기대를 수정해 나가야 하는 이유는 바로 여기에 있다. 그래야 우리가 보려고 해도 볼 수 없었던 전체적인 진실의 그림에 한 걸음씩 더 가까워질 수 있기 때문이다.

나에게는 당연한 것이 타인에게는 말도 안 되는 것일 수도 있다. 역지사지는 나와 타인간 기대의 간극을 메울 수 있는 좋은 다리와 같다. 더 많이 건널수록 우리는 스스로와 타인에 대해 공정한 판단을 하게 되고, 원만한 관계를 유지하기가 쉬워질 것이다.

결론이란, 생각하기에 지친 지점이다.
_마틴 피셔

chapter 11

기대한 것만
집중해서 본다
: 확증 편향과 편견

혈액형,
그럴 줄 알았어요

언젠가 한 독자가 "그런데 혈액형과 별자리가 어떻게 되시나요? 왠지 저와 같을 것 같아서요"라는 질문을 했다. 그녀는 내가 가진 천칭자리, B형, 여자라는 세 가지 범주를 중심으로 자신과 나 사이에 공통점이 있음을 확인하고 싶었던 것이다.

"B형에 천칭자리에요"라는 대답이 떨어지기가 무섭게 기대한 눈빛으로 대답을 기다리고 있던 그녀의 표정이 환해졌다. "어쩜, 그러실 줄 알았어요. 저도 그렇거든요." 공교롭게도 그녀와 나는 같은 별자리에 같은 혈액형에 같은 성별이었고, 나의 대답은 그녀가 가진 혈액형과 별자리에 대한 기대를 확인시켜준 셈이다.

자신의 기대가 맞았다는 것을 확인하는 것은 그녀에게 큰 기쁨을 준 것 같았다. 그녀는 기뻐하며 혈액형과 별자리가 타인을 이해하는 데 얼마나 좋은 도구인가를 설명했다. 그런데 그런 분류를 믿지 않는 나는 그녀의 "그럴 줄 알았다"는 말을 들으며 혈액형과 관련된 다른 에피소드가 생각났다. 나와 같은 혈액형인 B형 남자 후배의 이야기다.

후배는 데이트를 할 때 상대가 혈액형을 물어오면 움찔하게 된다고 한다. 혈액형 분류에 따른 B형 남자에 대한 기대가 좋지 않기 때문이다. 과거에 데이트를 하면서 자신의 혈액형을 그대로 밝히는 것이 자신에게 불리하다는 사실을 몇 번 경험하고 난 후 누군가가 혈액형을 물어오면 자신의 혈액형을 속인다고 했다. "아무리 그래도 속일 필요까지 있을까?"라고 되묻자 그는 자신이 어떤 대답을 해도 다음과 같은 반응을 들었다고 했다.

"어머, 그럴 줄 알았어요."

자신이 어떤 대답을 하든 혈액형 분류를 선호하는 사람들은 그 분류에 합당한 사실만 크게 인식한다는 것이다.

확증 편향의 렌즈로
세상을 보다

"그럴 줄 알았다"는 것은 우리가 가진 신념에 대한 확인을 의미한다. 혈액형 분류나 별자리 운세를 믿는 사람은 자신이 기대하는 상황을 더 자주 발견하고 그 틀에 맞지 않는 사실은 쉽게 무시

한다. 자신이 기대했던 상황에만 더 주목하게 되는 것이다.

기대한 것에만 집중하고 그에 맞춰 세상을 판단하고 해석하며 행동하는 것을 '확증 편향(Confirmation Bias)'이라고 부른다. 만약 우리가 혈액형에 따른 성격 분류를 좋은 분류의 틀이라고 기대한다면 혈액형 분류에 합당하다고 생각되는 증거들을 더 분명하게 보게 된다는 것이다. 일반적인 혈액형 분류에 따르면 누군가가 인색하고 속이 좁은 행동을 보이는 것은 그가 A형이기 때문이고, B형 남자는 데이트를 하기에 적합하지 않다고 한다. 또한 누군가가 우유부단하고 변덕스러운 모습을 보이는 것은 그가 AB형이기 때문이라고 한다. 증거들을 보며 결론을 도출하는 것이 아니라 이미 만들어진 결론이 뒤늦게 증거를 불러모으는 셈이다.

이런 확증 편향은 마치 자석이 철을 끌어당기는 것처럼 삶에서 강력하고 광범위하게 나타나 우리의 합리적이고 객관적인 판단을 흐리게 만든다. 합리적인 연구를 하는 과학자들마저 확증 편향에서 벗어나기란 어렵다. 그래서 에드먼드 고든(Edmund Gordon)과 멜리사 레몬스(Melissa Lemons)는 의심에 기초하고 있는 과학마저 연구자들의 편향에서 벗어나기란 불가능하다며 이런 말을 했다.

"과학의 객관성에 대한 주장이 도처에 있는데도 불구하고 경험적이거나 이론적인 과학에서 기울이는 노력은 그 어느 것도 편향이 없는 것이 없다. 과학자들이 연구에 기울이는 모든 노력은 그들이 연구하는 현상에 관한 사전 지식과 신념의 영향을 받는다."

　마치 어느 한쪽의 주장만을 변호하기 위해 오직 그 주장에 합당한 근거만을 나열하는 변호사들처럼, 과학자들도 자신이 가진 사전 지식과 신념에 대한 확증 편향에 이끌릴 수밖에 없다는 것이다.

확증 편향에 이끌리는
세 가지 이유

혈액형의 분류에 따라 사람들의 행동을 살펴보며 "그럴 줄 알았다"고 이야기하는 독자도, 사람들에게 진짜 혈액형을 이야기하면 불리할 수밖에 없다는 생각에 거짓으로 말하는 남자 후배도, 객관적인 사실에 입각한 결론을 도출해내야 할 필요가 있는 과학자들도 모두 확증 편향에서 자유로울 수 없다. 그렇다면 우리는 왜 확증 편향에 이끌리는 것일까?

정보를 단순화하기 위해

　확증 편향에 이끌리는 첫째 이유는 우리 주변에 너무 많고 다양한 정보들이 있다는 데서 찾을 수 있다. 우리는 이 모든 정보를 해석하고 나름대로 잘 정리하고 싶지만, 그렇지 못할 경우 정보들을 있는 그대로 두면 우리의 삶은 너무 복잡하고 혼란스러워진다. 그러니 나름의 법칙대로 분류해 단순화시킬 필요가 있는 것이다. 정보를 분류하고 단순화할 때 우리 안에 이미 설정된 기대체계가 있다면, 마치 깔끔하게 분류를 해주는 컴퓨터의 정보처리 시스템처럼 우리가 분류하고 싶어 하는 세상의 모든 정보들을 단숨에 간단하게 만들어준다.

상대가 나에게 맞는 사람인지 빠른 시일 내에 정확히 판단을 해야 하는 소개팅 상황을 생각해보자. 단 몇 번의 만남으로 상대를 잘 알기는 어렵다. 이때에 혈액형 분류를 알고 있는 것은 도움이 된다. 혈액형은 상대방을 더 쉽게 이해할 수 있게 도와주는 정보이자 도구인 셈이다.

자신을 보호하기 위해

우리는 경험을 통해 하나의 기대체계를 형성하게 된다. 특히 과거의 경험이 부정적일수록 그 경험의 영향을 받은 확증 편향은 유용할 수 있다. 그러니 이전에 혈액형이 B형인 남자친구와의 관계에서 상처를 받았던 사람들은 데이트 상황에서 상대방의 혈액형을 아는 것이 과거에 경험했던 위험으로부터 가능한 자신을 보호하는 방패막이 된다고 생각할 것이다.

이는 상대방의 입장에서도 마찬가지다. 앞에서 B형인 남자 후배가 자신을 보호하기 위해 혈액형을 물어보는 사람 앞에서 자신의 진짜 혈액형을 밝히지 않기로 한 것처럼 말이다. 그는 혈액형을 말했다가 낭패를 본 과거의 경험 때문에 혈액형을 말하지 않음으로써 자신을 보호하고자 하는 것이다.

통제력의 기쁨을 위해

자신이 기대한 대로 나타나는 것을 보는 것은 우리에게 기쁨을 준다. 우리는 "그럴 줄 알았다"고 말을 할 때 삶에 대한 통제력을 느끼게 된다. 소개팅에 나온 남자가 보이는 개별적인 행동들을 살펴보며 그 사람에 대한 전체적인 평가를 하고 다음 행동을 예측하는 것이다.

확증 편향과 편견이 불러온
무서운 결과

확증 편향의 렌즈로 세상을 보는 것은 이렇게 쉽고 빠르고 재미있다. 하지만 확증 편향을 계속 쓰다보면 우리는 다른 가능성에 노출되는 것이 줄어들고 합리적인 근거 없이 어떤 집단에 속한 사람들에 대해 부정적인 평가를 내리게 된다.

확증 편향은 타인에 대한 경직된 태도를 보이는 '편견(Stereotype)' 과 깊은 관련이 있다. 극단적인 경우 이 태도는 쉽게 폭력으로 발전하기도 한다.

편견 때문에 나타나는 폭력은 백인 우월주의 단체인 KKK단이나 러시아의 극우 신나치주의자인 스킨헤드족의 무차별 폭력을 살펴보면 잘 알 수 있다. 러시아에서는 지금도 한인 유학생들이 습격을 받아 크게 다치거나 사망하는 일이 벌어지고 있다. 특히 스킨헤드족의 범행 수법이 갈수록 대담해지고 조직화되고 있는 것으로 알려져 교민들이 불안에 떨고 있다.

이런 인종 혐오 범죄의 예는 인류 역사에서 비일비재하게 나타났다. 히틀러 역시 편견에 사로잡힌 인물이었다. 그는 집단적인 피해의식을 가진 독일 국민들을 선동해 전쟁을 일으켰다. 히틀러는 공산주의자와 유태인들이 독일인에게 피해를 주며 독일인이 가장 우월하다는 편견에 사로잡혀 있었다. 결국 그 편견은 제2차 세계대전을 불러왔다. 편견이 집단 간의 갈등으로 번지면서 엄청난 파괴를 불러온 것이다.

무기 경쟁을 벌이는 나라들도 이와 같은 모습을 보인다. 그들은 상대가 위협적이라는 편견에 사로잡혀 있다. 그래서 일단 무기 경쟁 현상이 나타나기 시작하면 무장해제를 하기보다는 더 많은 무기를 쌓는 데 혈안이 된다.

현대의 많은 정치인들도 의도적이거나 혹은 자신도 모르는 사이에 이런 전략을 사용해 우리를 선동하고 있다. 그들은 집단 밖에 있는 사람들을 적이라고 상정하고는 '우리'라는 집단의 사람들에게 적을 미워하고 두려워하고 또한 때로는 공격하는 것이 필요하다고 말한다. 그들은 상대의 모든 행동을 적대적인 것으로 해석하고 다른 관점으로는 살펴보지 않는다. 왜냐하면 외부에 적을 강조함으로써 집단 내부의 응집력을 증가시킬 수 있고 이를 통해 권력을 집중시킬 수 있기 때문이다.

편견과 편견을 자주 드러내는 사람들의 특징

편견에 대해 가장 고전적인 연구를 했던 고드 올포트(Gordon Allport)는 『The Nature of Prejudice(편견의 본질)』에서 편견이 다음 세 가지 특징을 보인다고 했다. 첫째로는 내가 속한 집단의 응집력을 증가시킨다. 둘째로는 내가 속하지 않은 집단에 대한 폐쇄성은 크게 만든다. 마지막으로 편견은 갈등을 통해 집단 정체성을 형성하는 데 도움이 된다. 이 세 가지는 우리가 다른 집단에 대해 가지고 있는 막연한 편견과 공포는 물론이고, 제2차 세계대전 때의 히틀러의 모습과 정치인들의 모습에서 공통적으로 나타나는 특성이다.

우리가 특정 집단에 대한 편견에 빠지는 이유는 확증 편향에 빠지는 이유와 같다. 우리가 일일이 가려야 할 수많은 정보들을 쉽고 빠르게 처리할 수 있게 해주기 때문이다. 또한 한 번에 분명한 경계를 세워 모호성이 주는 혼란을 피할 수 있고, 새로운 정보가 주는 스트레스를 쉽게 불식시킬 수도 있다. 우리가 가장 마음속에 안고 있기 힘든 감정 가운데 하나가 바로 혼란이기 때문이다. 그래서 편견을 자주 사용하는 사람들은 다음과 같은 특성들을 보인다.

- 분명한 경계를 선호한다. 이들은 검은색인지 흰색인지 우리 편인지 상대 편인지 빨리 경계를 설정하기를 원한다. 회색이거나 중립, 이도저도 아닌 상황을 싫어한다.
- 자신을 방어할 필요성을 크게 느낀다. 자신뿐 아니라 자신이 속한 집단(내집단, In-Group)을 방어하는 한편 자신이 속하지 않은 집단(외집단, Out-Group)에는 적대적인 모습을 보인다.
- 다른 사람을 쉽게 믿지 못하고 폐쇄적이다.
- 새로움을 달갑지 않게 여긴다.
- 사회·정치적인 힘이 있는 기득권층인 경우가 많다.
- 좌절에 대한 스트레스에 민감한 편이다.

편견에 사로잡히게 되면 우리는 진실을 볼 수 있는 혜안을 잃고 서로에 대한 악의적인 기대를 하며 진실에서 멀어지게 되어 역사상 힘이 적고 발언권이 적은 집단일수록 더 많은 집단적 편견에 시달려야 했다. 흑인들은 흑인 해방 운동이 성공한 이후에도 오랫동안 편견이 불러온 차별에 시달려야 했다. 무슬림들은 9·11 테러 이후 무슬림에 대한 공포로 인한 차별을 당했다. 여성들과 성적 소수자들 역시 편견에 부딪혀 힘들어하는 대표적인 사람들이다.

편견은 자동적이고 단순하며 힘 있는 다수의 논리에 도움이 된다. 편견을 사용하는 것은 쉽고 빠르고 우리에게 도움이 되며, 갈등 상황에서는 더 큰 영향력을 발휘한다. 누군가와 갈등할 때 우리는 편견과 정보를 구분하기 어려워하기 때문이다. 그렇다면 우리는 어떻게 편견과 정보를 구분해낼 수 있을까?

편견의 바다 속에서
정보의 옥석을 캐내기 위해

우리가 가진 기대체계는 교육과 경험을 통해 형성된다. 우리가 믿는 것은 보는 것, 듣는 것, 생각한 것, 느낀 것의 영향을 받는다. 또한 우리 주변 사람들이 믿는 것에도 영향을 크게 받는다. 우리가 받을 수 있는 교육과 경험에는 한계가 있고, 우리 주변 사람들 역시 마찬가지로 편향과 편견에서 자유로울 수 없다. 그렇기 때문에 우리는 자신이 가지고 있는 정보와 편견을 확고히 가르기 어려운 것이다. 그럼에도 우리는 다음과 같은 노력을 기울일 필요가 있다.

섣불리 판단하지 말고 여유를 가져라

앞에서 우리는 편향과 편견이 정보를 단순화함으로써 불확실성과 모호성을 불식시켜주는 매력적인 힘이 있다는 사실을 알게 되었다. 모호한 상황이 우리를 혼란스럽고 복잡하게 만들기 때문이다.

예를 들어 누군가를 이해하기 위한 기대의 틀이 없다면 우리는 다른 사람과 관계를 맺고 친해지는 데 더 많은 시간이 걸릴지도 모르고, 빨리 판단을 내려야 할 상황에서도 쉽게 결정하지 못해 힘들어질지 모른다. 또한 위협적인 상황에서 빠르게 대응하지 못해 스스로를 보호하지 못할 수도 있다.

때로는 강한 편향과 편견이 크나큰 오해를 불러오고 갈등을 심화시키는 경우도 생긴다. 세상의 많은 일들이 단순한 논리로는 설명되지 않을 때가 많고, 서로 상충되고 모순되는 사실들이 불협화음을 이루며 존재하는 경우가 많다. 성급하게 결론을 내리기 전에 여유를 두고 가능한 증거와 정황들을 모두 살펴보고 유연하게 사고하자.

정보의 출처를 다양화해서 전체적 노출을 하라

『Thinking and Deciding(사고와 의사결정)』이라는 책을 쓴 조나단 배런(Jonathan Baron)은 이런 말을 했다.

"사람들은 사전 지식을 바탕으로 자신이 믿기 원하는 바를 지지할 가능성이 큰 정보에 자신을 노출해 신념을 유지하려 한다. 진보주의자들은 진보적 신문을 읽는 경향이 있고, 보수주의자들은 보수적 신문을 읽는 경향이 있다."

우리는 스스로 믿는 것을 더 확신하기 위해 스스로 '선택적 노출(Selective Exposure)'을 하며 살고 있다는 것이다. 예를 들어 무상급식 법안에 찬성하는 사람들은 무상급식 사업과 관련된 긍정적인 정보에만 관심을 기울이는 경향이 있다. 우리의 선택적 노출 경향성은 우리가 이미 알고 있고, 믿고 있고, 기대하는 것에 얼마나 얽매이기 쉬운지 보여준다. 그러므로 의식적으로 이미 알게 된 사실에 대해 회의적인 태도를 견지하는 것이 얼마나 어려운지 보여준다. 우리는 아직 모르는 사실에 대해서는 열린 태도를 취하고, 이미 알게 된 사실에 대해서는 호의적인 태도를 보일 필요가 있는 것이다.

접촉과 소통을 강화해 차이점보다는 공통점을 강조하라

성적 소수자에 대한 연구를 살펴보면 성적 소수자에 대한 편견이 강한 사람들은 성적 소수자인 친구가 없었고, 앞으로도 그런

친구를 사귀고자 하는 마음이 없다는 사실을 알 수 있다. 누군가에 대한 편견을 불식시키기 위해 가장 중요한 것은 그 사람을 인간적으로 만나면서 차이가 아닌 공통점을 기반으로 살펴보는 일이다. 하지만 편견이 강할수록 편견의 대상인 상대와 함께 하지 않으려는 경향을 보이게 되는데, 이것은 편견이 일단 나타나기 시작하면 왜 시간이 갈수록 더 굳어진 방식으로 나타날 수밖에 없는지를 보여준다.

사람들은 저마다 다른 특성을 보이지만 서로 아무리 다르다고 해도 사람과 사람 사이에는 차이점보다는 공통점이 더 많다. 잘 몰라서 오해하고 있었던 사람들에 대해 조금씩 더 알아가는 과정에서 오해가 풀렸던 경험은 누구나 해본 적이 있을 것이다. 그러니 편견을 극복하기 위해서는 접촉과 소통을 강화해 서로를 더 알아가야만 한다.

태도와 행동에 대한 연구를 한 사회심리학자들은 태도의 변화가 행동의 변화를 불러오기보다는 행동의 변화가 태도의 변화를 불러온다는 사실을 밝혔다. 만약 우리가 누군가에 대한 경직된 태도 때문에 그 사람을 대하기가 불편하다면, 그 사람을 일부러 피하기보다는 오히려 일부러 다가가는 노력을 해보는 것이 필요하다. 즉 태도를 바꾸기 위해 상대에 대해 일단 우호적인 행동을 해보는 것이다.

집단이 아닌 개인이나 인류 전체로 나를 대변하라

갈등(Conflict)이란 라틴어 Conflictus에서 나온 말로 '힘으로 싸우다'라는 뜻이다. 편향과 편견은 본래 우리 스스로에게 도움이 되어서 나타난 것이지만, 편향과 편견을 자주 사용하다보면 잘못된 기대와 오해를 불러오고 갈등이 생기게 된다. 확인하고 소통하는 대신 힘으로 싸우게 되는 것이다.

심리학자 윌리엄 제임스(William James)와 아들러는 모두 전체적인 그림을 보고 개별적인 집단으로 대변되기보다 개인과 전체로 스스로를 대변할 것을 강조했다. 제임스는 타 집단을 적으로 상정하고 편견을 키워갈 것이 아니라 인류 공동의 적에 대항해 함께 싸울 것을 강조하며 이런 말을 했다.

"인류 내 소집합을 적으로 삼을 것이 아니라 자연 재해, 질병, 전쟁과 같은 인류 공동의 적을 상정할 필요가 있다."

아들러 역시 진정 열등감에서 벗어나기 위해 가장 중요한 것은 집단이 아닌 인류 전체의 동일시가 중요하다고 보았다. 열등감에 대한 방대한 연구를 한 그는 개인이 열등감에 휩싸일 때, 열등감에서 벗어나기 위해 자신 스스로 책임감을 가지기보다는 집단에 동일시하는 면이 있음을 강조했다. 히틀러나 KKK단, 그리고 스킨헤드족, 편견을 자극하는 정치인들은 모두 개인의 열등감 때문에 인류 전체에 스스로를 동일시하고 연민과 연대의식을 가질 줄 몰랐던 사람들인 것이다.

나는 테러리스트가
아닙니다!

영화 〈내 이름은 칸〉은 9·11 테러 이후 무슬림에 대한 편견이 무슬림은 물론 다른 사람들의 삶을 어떻게 바꾸어 놓았으며 이를 어떻게 극복할 수 있는지를 잘 보여준다. 영화 속 주인공인 칸은 타인과의 감정 소통에 서툴다. 유연하고 융통적인 방식으로 세상을 바라보는 것이 어려운 아스퍼거 장애(Asperger Disorder)를 가진 사람이기 때문이다. 그럼에도 그는 어머니의 헌신적인 사랑을 기억하며 사랑하는 사람들과 평범하지만 행복한 삶을 만들어가고 있었다.

그러던 어느 날 9·11 테러가 일어나고 평범하고 행복했던 그의 삶과 꿈은 무슬림 집단에 대한 편견 때문에 산산조각이 나고 만다. 미국 전역에 무슬림에 대한 공포와 악의적인 편견이 급격히 확산되면서 편견과 폭력이 나타났기 때문이다.

칸은 이 사건을 계기로 양아들을 잃었고 사랑하는 아내는 그가 무슬림이라는 이유로 그를 떠나간다. 그녀의 마음을 되돌리고 싶었던 그는 그녀가 떠나면서 했던 "미국 대통령에게 나는 테러리스트가 아니라고 말하라"는 말을 기억하며 정말로 미국 대통령을 만나기 위한 여정을 떠난다.

영화는 9·11 테러 이전에 평온하고 행복했던 일상을 되찾기 위해 모든 편견을 넘어서는 한 개인의 여정을 감동적으로 그리고 있다. 그러면서 나와 다른 사람에 대한 편견이 오해와 폭력을 몰고 오는 사회 현상을 비판하고, 편견과 갈등을 넘어 인류가 함께 공존해 나가기 위해 필요한 것이 무엇인지에 대한 중요한 메시지를 전한다. 그가 이 단순한 집념을 실행하는 과정은 편견으로 분리된 사람과 사람 사이를 어떻게 이어 붙여갈 수 있는지 보여주는 과정이나 다름없다.

영화 속 마지막 장면에서 칸은 드디어 미국 대통령을 만나 꼭 전하고 싶었던 말을 전한다.

"내 이름은 칸입니다. 그리고 나는 테러리스트가 아닙니다(My name is Khan and I'm not a terrorist)."

이 말은 미국 대통령뿐만 아니라 일상 속 편견과 편향이 불러온 갈등과 오해 때문에 힘들어하는 우리 모두가 되새겨야 할 말이 아닌가 싶다.

심리학자 올포트는 편견에 대해 이런 말을 했다.

"현실적 갈등은 오르간 위에 있는 키와 같다. 키에 맞춰진 모든 편견들을 동시에 울리게 한다. 듣는 사람은 주위의 소음과 순수한 음을 구분해낼 수 없다."

편견은 우리가 소음과 순수한 음을 분간하지 못하는 것과 같다. 편견은 우리의 귀를 혼란스럽게 만들고 판단력을 흐리며 관계를 와해시킨다. 그럼에도 우리는 누군가와 갈등하며 혼란스러운 순간마다 자신이 가진 편향과 편견을 총동원해 이를 상식이라고 이름을 붙인다.

영화 속 칸의 모습은 우리가 편견에서 벗어나 제대로 된 판단력을 세우고, 소음과 순수한 음을 구분해내기 위해 상식이라고 생각하는 것을 얼마나 자주 의심해봐야 하는지 잘 보여준다. 판단은 순식간에 이루어지지만 그 파급은 오랫동안 우리를 힘들게 할 수도 있기 때문이다.

인생의 목표를 정하기 전에 반드시 네 가지를 점검해야 한다.
자신이 정말 잘하는 것(재능), 정말 하고 싶은 것(열정),
사회가 원하는 것(수요), 옳다는 확신이 드는 것(양심)이다.
_스티븐 코비

chapter 12

참아야 성공할 수 있다는
기대가 확고하다
: 만족지연 능력

달콤한 사탕의 기억,
그리고 인내심

식당에서 밥을 먹고 계산을 한 뒤 사탕을 받을 때면 이따금씩 떠오르는 장면이 있다. 다섯 살인 나에게 증조할아버지가 사탕을 주시는 장면이다. 증조할아버지는 그때 비스듬히 걸린 액자 뒤편에 사탕을 숨겨 두셨다가 나의 조그마한 두 손에 사탕을 쥐어주시곤 했다.

보통 한 개의 사탕을 주시곤 했지만 하기 싫어도 꾹 참고 책을 보거나, 먹기 싫어도 꾹 참고 시금치를 먹거나, 남동생을 잘 돌보고 말썽을 피우지 않으면 사탕의 개수는 두 개, 세 개로 늘었다. 증조할아버지에게 받은 손바닥 위에 놓인 색색이 빛나는 구슬 같은 사탕을 보며 나는 엄청난 희열을 느끼곤 했다. 그리고 사탕을 더 받기 위해 점점 더 잘 참고 착하게 구는 아이가 되었다.

다섯 살 아이의 입장에서 세상에는 참기 힘든 것들이 참 많았다. 주변을 둘러보면 온통 예쁜 것, 맛있는 것, 재미있는 것, 갖고 싶은 것 투성이어서 그 유혹을 참기가 쉽지 않았다. 나는 놀고 싶은 마음, 하기 싫은 마음, 뜻대로 안 될 때 징징대거나 소리 지르고 싶은 마음에 자주 시달렸다.

그래도 증조할아버지의 사탕을 생각하며 잘 참는 아이가 되었고 착한 아이가 되었다. 마음을 다스린 인내심의 결과는 늘 달콤한 사탕이었다. 사탕으로 나에 대한 애정을 표현하셨던 증조할아버지는 사탕의 개수로는 인내심을 가르치신 셈이다.

그 후 몇십 년이 지났고 이제 나는 그저 사진과 기억 속에서만 증조할아버지의 모습과 사탕을 찾을 뿐이다. 착한 아이가 되어 더 많은 사탕을 받고 싶었던 다섯 살배기는 이제 훌륭한 사람이 되어 더 많은 인정을 받고 싶은 성인으로 자랐다. 하지만 착한 아이가 되는 조건과 훌륭한 사람이 되는 첫 번째 조건은 크게 달라지지 않았다. 그것은 그때에도 지금도 놀고 싶고 하고 싶은 것을 얼마나 잘 참느냐에 달려 있다.

삶에서 궁극적으로 원하는 것을 위해 힘들고 귀찮고 어려워도 참는 것이 중요하다는 것은 다섯 살의 아이에게 중요한 명제였지만 다 자란 성인에게도 그것은 여전히 중요한 명제다. 또한 나뿐만 아니라 대부분의 사람들도 '참는 자에게 복이 올 것'이라는 기대를 되새기며 오늘을 잘 참아내고 있다.

주변을 둘러보아도 우리가 쉽게 찾아볼 수 있는 훌륭한 사람의 이야기는 미래를 위해 당장의 만족을 잘 참아내 성공을 이룬 것과 관련이 있다. 속담에서도 '참는 자에게 복이 온다', '참을인이 셋이면 살인을 면한다', '낙숫물이 바위돌을 뚫는다'는 말이 있다. 그만큼 인내심은 성공과 행복을 위해 우리에게 주어진 중요한 조건 명제 가운데 하나인 셈이다.

참으면 복이 온다는 자극 연합의 심리학

심리학적으로 우리의 마음속에 이 조건 명제, 즉 '참으면 복이 온다'가 심어진 배경은 이반 파블로프(Ivan Pavlov)라는 학자의 실험에서 살펴볼 수 있다. 그는 심리학사에서 가장 중요한 실험과 이론을 내놓음으로써 심리학 거장의 반열에 올랐지만, 사실 심리학자가 아니라 노벨상까지 받은 생리학자였다. 그의 주력 연구 분야는 '소화에서 침 분비의 역할'에 관한 것이었다.

그는 침 분비가 얼마나 체계적이고 지능적으로 나타나는지 알아보기 위해 개의 침샘을 뚫어 관을 연결해서(현재는 윤리적인 문제로 인해 이와 같은 실험이 진행되기 어렵다) 침 분비량과 분비 양상을 알아보았다. 그러던 중 그는 개들의 침분비를 생리학적으로만 설명하기는 어렵다는 사실을 알게 되었다. 개들은 음식이 자신의 입 속에 들어가기 훨씬 전부터 누군가의 발소리나 종소리에 침을 분비하거나 밥그릇의 모양을 보거나 밥그릇 소리만 듣고도 침을 분비하기 시작했던 것이다.

이런 현상은 비단 개뿐만 아니라 우리들에게도 나타난다. 액자만 봐도 마음속에 사탕을 떠올리고 침이 고이는 나처럼 누구나 음식과 관련된 물건이나 추억의 장소만 떠올려도 무언가가 먹고 싶어질 것이다. 직접적으로 피자나 된장찌개 같은 음식이 눈앞에 없을 때에도 특정 음식과 관련된 기억은 우리를 생리적으로 자극한다. 이미 우리의 마음속에는 이와 관련된 '~하면 ~한다'는 '자극 연합(Stimulus Association)'이 이루어졌기 때문이다.

이를 통해 개의 마음속에는 '종소리가 울리면 음식을 주더라'라는 조건 명제가 심어졌고, 나의 마음속에는 '증조할아버지가 액자에서 사탕을 꺼내 나에게 주신다', '착하게 굴면 사탕을 더 많이 주신다'는 연합들이 생겼던 것이다. 파블로프는 이 모든 과정을 '조건 형성'이라 불렀고, 마음속에 일어나는 조건 연합에 따라 나타나는 개의 행동을 '조건 반사'라고 불렀다. 다른 학자들은 그의 실험이 단지 생리 현상을 설명하는 것을 넘어, 우리의 마음속에서 일어나는 중요한 학습의 원리를 설명해주는 중요한 기초를 다져주고 있다고 말한다.

지금 우리의 마음속에 얼마나 많은 조건 명제들이 있고, 우리가 그 조건에 어떻게 반응하는지를 생각해보자. 자라면서 우리의 마음속에 얼마나 많은 조건 명제들이 들어왔고, 이 명제들이 삶의 어떤 경험을 통해 보강되고 수정되며 폐기되거나 재학습되었는지를 말이다. 이러한 조건 명제는 '참아야 결국 이롭다'와 같은 큰 명제부터 '할인마트에 가면 같은 상품이 500원 더 싸다'와 같은 소소한 명제에 이르기까지 다양하다. 우리가 다양한 삶의 경험을 통해 받아들인 수많은 명제들이 우리 안에 쌓여온 것이다.

만족지연 능력과
마시멜로 이야기

같은 명제를 마음속에 품고 있더라도 사람마다 이를 지키는 정도와 지키는 방식은 다를 것이다. 어떤 사람은 새해가 될 때마다 새로운 목표를 설정하고 그 목표를 성취하기 위해 노력하겠다며 결심하지만 이런저런 유혹에 쉽게 무너지고 만다. 또 어떤 사람은 작심삼일이라는 말이 무색할 정도로 결심한 지 얼마 지나지 않아 당장의 감각적 유혹에 휘둘린다. 반면에 어떤 사람은 주변의 많은 유혹을 뿌리치고 대체로 잘 참는다.

어떤 사람은 지금 이 순간의 유혹을 잘 참고 더 나은 미래를 위해 기다리지만 어떤 사람은 유혹에 더 약하다. 학자들은 이를 '만족지연(Delaying Satisfaction)' 능력이라고 부른다. 미래의 더 큰 가치를 위해 지금 당장의 욕구나 만족을 참을 수 있는지를 보여주는 능력이다.

스탠포드 대학의 월터 미셸(Walter Mischel)이라는 학자는 만족지연 능력에 대한 실험을 했다. 미셸은 스탠포드 대학의 어린이집에 다니는 미취학 아동들을 대상으로 그들의 행동을 세세히 관찰했다. 이 실험은 아주 어린 아이들이 식탐을 스스로 조절할 수 있는지 없는지를 들어 그들의 성공을 가늠해보고 있다. 연구자들은 아이들에게 마시멜로 하나를 주면서 다음과 같이 말했다.

"이걸 지금 먹고 싶겠지만 먹지 않고 내가 다시 올 때까지 참으면 마시멜로를 두 개 줄게."

그러니까 지금 먹으면 한 개를 먹을 수 있지만 나중에 먹으면 두 개를 먹을 수 있다는 것이다. 입안에 넣으면 사르르 녹을 것만 같은 형형색색의 말랑말랑한 마시멜로 조각을 든 아이는 엄청난 인생의 딜레마에 빠진다. '현혹되느냐, 참느냐', '지금 조금 즐거울 것인가, 참아서 더 크게 즐거울 것인가'의 딜레마 말이다.

어떤 아이는 연구자가 나가자마자 마시멜로를 먹었고, 어떤 아이는 조금 참았다가 '에잇 모르겠다' 하고 먹어버렸다. 또 어떤 아이는 연구자가 올 때까지 기다렸다. 이때 차분히 기다리는 아이도 있었지만 '나는 안 먹을 거야'라고 중얼거리며 먹고 싶은 마음을 제지해보기도 하고, 마시멜로에서 돌아앉아 먹고 싶은 마음을 다른 곳으로 돌리는 아이도 있었다.

연구자들은 참는 아이와 참지 않는 아이들이 자라서 어떤 삶을 살게 되는가를 알고 싶었다. 시간이 흐른 뒤 그들이 어떤 어른으로 자라는가를 다시 살펴보았다. 그래서 그 아이들이 자랐을 시점에 그들을 다시 만났고, 그 결과 마시멜로를 당장 먹지 않고 잘 참았던 아이가 후에 여러 면에서 더 성공적인 인생을 살고 있음을 알아냈다. 만족지연 능력과 성공의 관련성이 장기간에 걸친 연구에서 밝혀진 셈이다.

미국의 대중 연설가이자 자기 계발 전문가인 호아킴 데 포사다(Joachim de Posada)와 엘런 싱어(Ellen Singer)는 이 실험에 착안해 저서 『마시멜로 이야기』를 썼다. 이 책은 미국에서 출간된 그 해에 한국에서도 출간되어 큰 반향을 일으켰었다. 미래의 성취를 위해 지금 현재 원하는 것을 참아내는 게 얼마나 중요한지를 밝히는 데 좋은 증거가 되었던 것이다.

안젤라 덕워드(Angela Duckworth)와 마틴 셀리그만(Mprtin Seligman) 같은 다른 심리학자들도 만족지연 능력과 관련된 자기 통제 능력이 지능보다 학업 성취를 더 잘 예측한다는 결과를 내놓았다. 그럼으로써 성공과 성취에서 만족지연 능력이 중요함을 다시 한 번 입증한 것이다. 이렇듯 잘 참는 능력은 우리의 성공과 성취에 매우 중요한 것처럼 보였다.

정말 잘 참아야 성공하고
행복해질까?

사실 앞의 이야기가 주는 메시지는 진부하다. '참아야 이롭다'는 메시지는 이 세상의 많은 어른들의 숱한 말씀 속에 고스란히 담겨 있다.

지금 현재의 만족감 때문에 미래에 더 큰 만족을 얻을 수 있는 기회를 차버리지 말라는, 이 메시지의 정당성을 확보하기 위해 굳이 다른 증거를 필요로 하지 않는다. 주위를 둘러보면 많은 사람들의 성공은 이미 이런 '참는 능력'의 관점에서 조명을 받고 있기 때문이다.

다른 사람들이 놀 때 열심히 공부해서 수능을 잘 보고 좋은 대학에 들어간 합격 수기들이 쏟아져 나오고 있다. 참고 노력해서 성공에 이르게 된 입지전적인 이야기들, 감동적인 이야기들도 도처에 널려 있다. 나 역시 지금까지 삶에서 이루어온 많은 것들은 증조할아버지가 가르쳐주신 인내심을 통해 얻을 수 있었다고 생각한다.

그럼에도 인내심이 성공을 불러온다는 이 기대를 있는 그대로 받아들이기에는 미심쩍은 부분이 몇 가지 있다. 나는 이 기대에 세 가지 의문점을 제기하고자 한다.

마시멜로 이야기에 대한 첫째 의문점은 '참아야 한다면 언제까지 참는가?'다. 마시멜로 이야기에는 참아야 성공하는 현실에 대한 많은 진리가 숨어 있다. 인내심이 많든 적든 우리는 살면서 많이 참아왔을 것이다. 쉬고 싶고 놀고 싶고 지금 현재를 즐기고 싶은 마음을 참아야 미래가 더 밝다는 얘기도 많이 들어왔을 것이다. 그런데 그렇게 한글을 떼기 시작할 그 무렵부터 열심히 공부해 좋은 고등학교에 들어가고, 치열한 입시생 시절을 보낸 끝에 좋은 대학에 들어가고, 입시생 못지않은 공부를 해서 대학원에 들어가거나 취업을 하고, 취업을 한 뒤에는 뒤처지지 않고 승진하기 위해 노력하는 삶은 쉽지 않기도 했다.

하나의 성취가 끝나면 또 다른 성취를 이루기 위해 끊임없이 현재의 만족을 지연시키면서 마음이 많이 힘들어졌다. 깨질 것 같은 두통이나 소화불량, 만성피로에 시달리면서도 쉬지 못한다. 참아야 한다는 사실은 실천할 수 있지만 언제가 되야 참지 않아도 되는지를 가르쳐 주는 사람은 없었기 때문이다.

우리는 생각 없이 빈둥거리는 아이들에게 학생 시기에 참고 공부하면 앞으로의 인생이 훨씬 더 편해질 거라고 말하며 공부를 강요한다. 하지만 '참는 자에게 복이 있다'는 명제는 언제나 절대적인 것은 아니다. 항상 참기만 할 수도 없을 뿐 아니라 본래 참는 이유는 참지 않아도 더 큰 것을 자유롭게 즐길 수 있는 때를 위해

서였다. 그러니 참는 것보다 더 중요한 것은 언제 참고 언제 참지 않아도 되는지를 아는 것이다.

마시멜로 이야기 속 아이들에게는 '연구자만 오면'이라는 만족지연의 범위와 인내심의 한계선이 정해져 있었다. 하지만 우리 인생에서는 언제 어느 순간까지 참아야 하고, 언제 어느 순간에 참았던 만큼을 풀어버리고 즐겨도 되는지에 대한 범위와 마지노선이 없다. 그런데 사회 전체적인 분위기가 개인의 즐거움이나 만족, 현재의 행복과 재미보다는 단체의 효율이나 성취, 미래의 비전만을 목표로 두고 쉴 새 없이 돌격하기를 요구한다. 그러면서 돌격하지 않는 사람은 낙오자나 비현실주의자로 낙인을 찍기도 하기에 우리는 현재를 즐기는 것에 대한 무언의 압박과 엄청난 죄책감을 받게 된다.

지금의 우리 사회에는 현재를 즐길 줄 모르고 압박감에 시달리며 끊임없이 앞으로만 달리는 사람이 많다. 미래에 있을 어떤 것을 대비하기 위해 현재를 편안하게 즐길 수 없는 것, 현재를 즐긴다는 것에 대해 일말의 죄책감을 안고 살고 있는 것, 놀면서도 스트레스를 받던 수험생 시절의 불안을 인생이 끝나는 그날까지 부여잡고 있게 되는 것이다.

그 모든 것을 한 번에 내려놓기란 힘들지도 모르겠다. 너무 오랫동안 기대에 맞춰 일을 해왔고, 그 덕분에 훌륭한 성취를 해올 수 있었던 것도 사실이기 때문이다. 하지만 우리가 항상 긴장하고 참게 된다면 이제 주말마다 찾아오는 두통과 피로에 '과연 언제까지 참아야 하는가?'라는 의문이 든다면, 이제는 그 의문에 귀를 기울여 다른 삶의 방식을 생각해볼 필요가 있다. 마음속에서 자연스레 우러나오는 욕구를 계속 참다보면 언젠가는 폭발하게 되기 때문이다.

또한 항상 참으라는 공식에만 맞춰 살다보면 우리는 인생의 또 다른 중요한 가치인 '현재를 즐겨라'는 가치를 잃게 된다. 순간을 즐겨라(Carpe Diem)! 만약에 '고생 끝에 낙이 온다'는 가치에 너무 끈질기게 매달리느라고 마치 현재가 미래를 위해 저당 잡힌 것처럼 살고 있다면, 내 안의 그 기대에 대해 다시금 생각해볼 필요가 있다. 현재는 미래에 대한 리허설이 아니라 지금 내가 발을 디디고 몸은 부딪치며 마음을 붙이고 있는 진실한 메인 게임이기 때문이다. 미래만을 위해 참다보면 우리는 현재를 사는 능력을 영영 잃게 된다. 그렇게 나를 잃게 된다.

의문점 2 – 참으면 진짜 복이 오나?

마시멜로 이야기는 우리의 사회적 통념 그대로 만족지연 능력과 성공(혹은 행복)을 연결했다. 하지만 이 이야기가 참이 되기 위해서는 우리의 기대가 현실에서 참으로 이어져야만 된다. 다시 말해 참으면 정말로 복이 와야 한다. 우리가 약속 받은 두 개의 마시멜로가 어느 시점에 반드시 주어져야 하고 그런 경험이 우리 내면에 쌓여야 우리가 참는 능력을 계속 발전시켜 나갈 수 있다.

잡지사의 에디터로 일하고 있는 효진 씨의 내면을 살펴보자. 그녀는 냉소적이고 즉흥적이어서 지루한 상황을 잘 못 참는다. 그녀에게는 미래의 성공을 위한 충분한 능력과 잠재력이 있지만 모든 상황을 건성건성 넘기려 하고 매사에 열심히 하는 일이 없다.

월급으로 받은 돈은 저축하기보다 맛있는 것을 먹고 예쁜 옷을 사고 놀러 다니는 데에 다 써버리고, 남는 시간에는 모조리 만화책을 보거나 인터넷 검색을 하며 자신의 시간을 그냥 흘려보낸다. 돈이란 어차피 모아봤자 큰돈이 되지 않을 것이고, 아등바등 돈을 모으느니 순간만 즐거우면 그만이라는 생각이 강하기 때문이다.

효진 씨의 이런 태도는 일을 할 때에도 나타났다. 힘들어도 참고 열심히 해봤자 열심히 하지 않을 때와 결과가 별반 다를 것이 없다고 생각하다보니, 별로 열심히 하고자 하는 마음도 안 생긴다. 그녀 스스로도 자신에게 참을성과 통제력이 없다는 것을 인정한다.

효진 씨는 왜 그런지 모르겠다고 말하고 다른 사람은 그런 그녀가 게으르다거나 허영심이 있다고 쉽게 평가하기도 하지만 잘 살펴보면 그녀에게는 기대가 현실로 보상 받는 경험이 많지 않았다. 어렸을 때부터 참고 열심히 해도 그에 따른 보상이 없었다. 오히려 아이디어를 빼앗기거나 혼자서 모든 일을 다 떠안는 것과 같이 손해를 보는 일이 많았다. 그래서 처음에는 의욕적으로 열심히 하던 일도 이제는 냉소적으로 손을 놓기에 이른다. 삶의 모든 장면에서 이런 태도가 이어지다보니 이제는 미래에 설렘과 희망이 없다.

효진 씨의 이야기를 살펴보면 마시멜로를 손에 쥔 아이들에게 지금 참으면 더 많은 마시멜로를 얻을 수 있으리라는 확신이 얼마나 중요한지를 깨닫게 된다. 아이들이 지금 먹고 싶은 마음을 행동으로 옮기지 않고 참고 기다리기 위해서는 무엇인가를 열심히 하면 더 큰 보상을 주겠다는 약속을 믿고 기대하는 것이 중요하다. 그렇지 않으면 '마시멜로 하나 더'가 아니라 '마시멜로 열개 더'라는 약속을 해도 소용이 없다. 이미 이전에 그와 비슷한 약속이 지켜지지 않았고, 그러기에 아이들이 약속이 지켜지리라 기대하지 않는다면 아이들은 마시멜로를 먹기 위해 기다리는 것을 참지 못한다. 차라리 지금 내 손에 쥐어진 마시멜로를 먹어버리는 게 더 유리하다는 계산을 하게 되는 것이다.

열심히 일하지 않고 미래를 위해 참지 않는 효진 씨처럼 지금 내가 가지고 있는 마시멜로마저 없어질지도 모른다고 생각했다면 아이는 당연히 참으며 기다리지 않고 자신의 손에 쥐어진 마시멜로를 당장 먹어버릴 것이다. 이렇게 우리가 만족지연을 하지 않는 것은 단지 아이의 능력이나 태도의 문제만은 아니라는 것이다. 바로 그런 신뢰감의 부재 혹은 부족에서 나온 것일 수도 있다. 지금 즐기고 싶은 마음을 참고 열심히 해도 보상이 주어지리라는 믿음이 없는데 어떻게 마시멜로의 유혹에 넘어가지 않을 수 있을까?

장기적으로는 분명히 나에게 불이익을 가져다주는 행동임에도, 지금 당장 나를 즐겁게 하기 때문에 하는 행동들이 있다. 이런 행동 밑에 깔린 우리의 마음을 면밀히 살펴보면 삶에 대한 근본적인 불신과 절망감에서 비롯된 경우가 많다.

열심히 공부해서 대학을 가도, 스펙을 쌓아도, 어렵사리 취업을 하더라도 열심히 만족지연을 해온 보람이 있을 만한 '마시멜로 하나 더'라는 보상이 주어지지 않는다면, 불신이 팽배한 사회에서 마시멜로 이야기는 하나의 허상일 수밖에 없다. 그러니 우리는 마시멜로 이야기를 인내심이나 참을성의 관점뿐만 아니라 인내심과 참을성의 기반이 되는 신뢰의 관점에서 볼 필요가 있다.

어쩌면 마시멜로를 먼저 먹어버린 아이들은 연구에 참여하기 전에 이미 어른과 세상에 대한 확고한 신뢰감이 없었을지도 모르겠다. 지금 하고 싶은 것을 참으면 그와 비슷하거나 더 큰 보상을 주겠다던 어른들의 약속이 여러 번 어그러지는 경험을 했던 것이다. 아이들은 자기 손안에 쥐어진 마시멜로를 지금 당장 입에 넣지 않으면, 운이 나쁠 경우 지금 있는 마시멜로마저 사라질 수 있다는 불안을 느꼈을 것이다.

신뢰감이 없는 아이들은 '지금 당장 마시멜로 하나'이거나, '참 았다가 두 개' 사이에서 선택을 해야 하는 것이 아니었다. '지금 당장 마시멜로 하나'이거나 '지금이 아니면 사라지는 마시멜로' 사이에서 선택을 해야 하는 것이었을지도 모르는 것이다. 이때 아이들은 가장 안정적인 한 개를 택하는 것이 가장 좋다는 것을 알게 된다. 이미 보상에 대한 약속이 어그러져 보상에 대한 기대 가 사라졌기 때문이다.

따라서 마시멜로 이야기를 만족지연 능력에 갈린 아이의 신뢰 감의 측면에서 본다면 타인에 대한 신뢰감을 형성하고, 그 신뢰 감을 바탕으로 어른의 말을 믿었으며, 그에 따른 보상을 얻어간 아이들은 만족만을 추구하기보다는 길게 보고 장기적인 투자를 할 줄 알았던 것이다. 그래서 결국 그들은 신뢰한 그만큼 성공할 수 있었을 것이다.

의문점 3 – 계속 참는 것은 마음에 해롭지 않은가?

1996년 미국 정신과 협회는 'Hwa-byung'이라고 표기한 한국 인 특유의 정신질환을 소개했다. 바로 화병이다. 이는 분노 증후 군의 하나로 강한 스트레스를 적절히 표현할 길이 없을 때 불안 증, 우울증, 신체화 증상 등이 복합적으로 나타나는 질환을 말한 다. 이미 1970년대 후반부터 논의가 되어 체계적인 연구가 진행 됐는데, 주로 자신의 감정을 참고 인내하기를 강요받는 여성들에게 많이 나타난다고 한다.

몇몇 정신건강 전문가들은 화병을 며느리병, 아내병이라고 부르기도 했다. 이 병은 가부장적이고 인권을 무시하는 분위기 속에서 억압받는 경험에 반복적으로 노출되지만 이를 풀 만한 심리적 공간과 대상이 부족한 사람들에게서 자주 발견된다고 보고되었다. 표현하지 못하고 마음속에 감춰놓은 해묵고 부정적인 감정이 쌓이고 쌓이다가 폭발하게 되는 것이다.

화병은 뚜렷한 이유 없이 몸이 아프거나 소화가 안 되거나 만성적인 피로감, 불면증, 현기증, 숨가쁨, 두통, 과민성 대장 증후군, 무기력감에 시달리는 신체화 증상으로 나타나기도 한다. 신체화 증상이란 한마디로 마음의 어려움이 몸으로 나타난 것이다. 전문가들은 마음과 신체가 밀접한 연관이 있기 때문에 이러한 증상이 나타난다고 말하며, 스트레스가 불러오는 부정적 감정을 잘 인식하고 건강하게 해소하고 표현할 수 있는 통로를 마련하는 것이 중요하다고 강조한다.

진정 건강한 사람은 그때그때 자신의 욕구를 알고, 그 욕구를 무조건 거부하거나 억압하기보다는 상황에 맞춰 적절히 해소할 수 있는 사람이다. 그리고 어느 사회에서 마음을 표현하지 못하고 참기만 해야 하는 사회 구성원이 있어 그들이 주로 호소하는 마음의 병이 있다는 것은 그 사회의 한쪽이 기울어져 있음을 의미한다.

성취에서든 관계에서든 나중을 위해, 그리고 다른 사람을 생각해 무조건 참으려고만 하는 것은 더 이상 미덕이 되지 않는다. 결국 좌절된 욕구는 마음속에 그대로 쌓여서 우리를 더 크게 힘들게 하지만 결국 그런 마음의 폭발은 개인뿐 아니라 그 개인에게 참으라고 압박을 주었던 가족 구성원과 사회구성원들이 함께 감당해야 하는 모두의 어려움이기도 하다. 무조건 참는 것만이 능사가 아니라는 것이다.

마시멜로 이야기를 어떻게 받아들여야 할까?

사실 최근 우리사회에서 더 큰 문제로 대두되고 있는 문제는 욕구의 과잉 지연이라기보다는 욕구의 과잉 충족이라고 할 수 있다. 많은 사람들이 즉각적인 감각의 만족을 좇으며 잠시도 가만히 있지 못하고 휴대폰이나 인터넷 확인에 열을 올리는 모습을 보인다. 자신의 욕구가 지연되는 상황을 견디지 못하고 항상 불안하고 초조해하며 무엇이든 빨리, 즉각적으로 해결되기를 원하는 것이다.

이런 현상이 나타나는 근본적인 이유는 그만큼 우리가 자신의 참된 욕구는 알지 못하며, 그러기에 참된 욕구를 억눌러 온 데서 나타나는 것이라고 할 수 있다. 참된 욕구가 자주 좌절되기에 참지 못하는 것이다.

결정적인 순간에 잘 참고 싶다면 일단은 내가 진정 원하는 것이 무엇이고 무엇을 참고 무엇을 참지 않아도 되는지에 대해 잘 살펴볼 필요가 있다. 이를 위해 우리는 다음의 세 가지 사항을 기억해야 한다.

미래를 위해 언제나 현재를 희생할 필요는 없다

언제나 미래를 위해 지금 하고 싶은 것을 참는다면, 너무 먼 미래에만 매달려 현재를 즐기는 즐거움을 모른 채 살아가고 있는 것이 아닌지 잘 살펴보자. '더 많이, 더 높이, 더 멀리'라는 가치에 목숨을 걸고, 지금 이대로도 충분한 현실을 있는 그대로 받아들이고 즐기지 못하는 건 아닌지 말이다. 현재가 없으면 미래가 없다. 그러니 미래를 위해 현재를 희생할 필요는 없다는 사실을 기억하자.

신뢰와 희망을 기대하는 사회를 만들자

참는 것이 중요하다는 것을 알면서도 참기 힘들어하는 사람들이 늘어가는 것은 우리 사회가 참고 난 후에 오는 행복에 대한 신뢰와 희망을 보여주지 않고 있다는 것을 반영해준다. 우리가 행복해지고 성공하고 더 멋진 미래의 내 모습을 위해 현재의 즐거움을 뒤로 미룰 필요가 있다는 점을 가르치기 위해서는, 열심히 노력한 사람이 그만큼의 보상을 받고 적절한 대접을 받는 사회 환경이 뒷받침되어야 하는 것이다. 열심히 해도 잘될 가능성이 없다는 이런저런 불안이 우리를 흔든다면 인내와 만족지연이라는 가치를 등대 삼아 앞으로 나아가기란 힘들 것이다.

'참아야 할 것'이 아닌 '하고 싶은 것'에 집중하자

미셸의 실험 속 아이들은 마시멜로의 유혹을 참기 어려울 때 다양한 방법을 사용했다. 어떤 아이들은 끊임없이 "먹으면 안 돼"를 외쳤고, 어떤 아이는 마시멜로 쪽을 보지 않으려고 돌아 앉아 있었다. 또 어떤 아이는 왜 먹으면 안 되는지 스스로에게 상기시키며 먹고 싶은 마음을 달랬고, 어떤 아이는 다른 일에 집중하느라 마시멜로가 있다는 것조차 잊어버렸다.

이런 아이들의 모습은 성인이 된 우리에게도 고스란히 나타났다. 우리는 놀고 싶은 유혹을 피하기 위해 도서실로 가기도 하고, 긴장이 풀릴 때마다 '안 돼'라고 스스로에게 소리치곤 한다. 때로 우리는 마음이 흔들릴 때마다 왜 참아야 하는지를 스스로에게 상기시키며 힘든 순간을 이겨내고 다른 일에 완전히 몰입하며 유혹을 잊는다.

아이일 때 썼던 전략과 어른이 되어 쓰는 전략은 근본적으로 크게 달라지지 않는다. 마시멜로의 유혹 앞에 아이들에게 가장 유효했던 전략은 스스로에게 무조건 참기를 강요하거나 돌아앉아 있는 방식보다는 스스로가 왜 참아야 하는가를 인식하고 다른 일에 완전히 몰두하는 것이었다.

어떤 일을 할 때 왜 해야 하는가에 대해 스스로 이해하고, 유혹에 넘어가기보다는 다른 일에 몰두하며 기다리는 전략 말이다. 억지로, 무작정 하는 만족지연보다는 스스로, 의식적으로 하는 만족지연이 더 오래, 더 쉽게 효과를 발휘한다. 우리의 만족지연 전략은 물론 만족지연을 해야 하는 이유를 잘 생각해보자.

성공의 결과도 중요하지만
과정도 중요하다

마시멜로 이야기에 대한 대중의 폭발적이고 맹목적인 반응에 우려를 나타내며, 청주대학교의 박성희 교수는 『마시멜로 이야기에 열광하는 불행한 영혼들을 위하여』라는 책을 내놓았다. 그녀는 마시멜로 이야기가 왜곡된 성공 신화를 전하고 있음을 체계적으로 비판하고 이에 대한 대안을 제시하고 있다.

박성희 교수는 일단 마시멜로 이야기가 기반으로 하고 있는 스탠포드 대학의 실험이 부실한 연구였으며, 연구 결과에 대한 해석도 과장되었고, 그 결과도 왜곡되었다는 점을 지적했다. 그래서 우리가 일반적으로 가지고 있는 욕구와 성공에 대한 개념을 다시 돌아볼 것을 종용한다. 우리의 욕구는 참았다가 충족한다고 해서 같은 정도의 충족감을 주는 것도 아니고, 성공의 개념 역시 소유로 보느냐 누림으로 보느냐에 따라 다르다는 것이다.

인내는 우리 안의 에너지를 응축해 적재적소에 펼칠 수 있도록 도와준다. 우리는 더 행복하고 성공적인 미래의 꿈을 위해 열심히 노력해야 한다. 하지만 무조건 참아야 성공과 행복을 쟁취할 수 있다는 맹목적인 기대가 있다면, 잠시 그 마음을 내려놓고 내가 원하는 성공과 행복의 그림을 그려보자. 나의 과거는 어떻게 그려질 수 있을까? 미래는 어떻게 그려지기를 원하는가? 또한 그림 속 지금의 나는 어떠한가? 혹시 아직 오지 않은 미래 때문에 진정 원하는 것을 놓치고 있지는 않나?

바꿀 수 없는 과거와 오지 않은 미래보다 더 중요한 것은 현재다. 미래의 결과만큼 중요한 것이 현재의 과정이다. 오로지 미래만을 생각하며 그 현재를 그냥 지나치지 말고 붙잡자. 우리가 원하는 성공과 행복의 그림을 지금 우리가 서 있는 현실 위에 그려 나가자.

나라는 사람으로
우뚝 서기 위해

사춘기 시절까지 나는 엄마의 완벽한 딸이자 아빠의 모범적인 딸이었다. 훌륭한 학생이었고, 썩 괜찮은 친구였고, 누구에게나 상냥한 사람이었다. 아니, '이었다'보다 '이고자' 노력을 했다는 표현이 더 적절하겠다. 모든 사람의 기대를 맞춰주는 완벽한 사람이 되기란 불가능하니 말이다. 그럼에도 나는 그 불가능에 도전하려고 했다.

다른 사람의 기대에 맞추려다 보면 '내가 누구이며 내가 원하는 것이 무엇인가?'보다 '누군가에게 무엇이 되며 그들은 나를 어떻게 보는가?'가 훨씬 더 중요해진다. 누구에게나 완벽하게 부합하는 사람이 될 수는 없기에 모든 기대에 맞추고 싶을수록 자신에 대한 불만과 타인에 대한 원망감은 점점 커져갈 수밖에 없다. 그런 딜레마에 빠져 고민하던 나는 스스로에 대해서 갑갑증을 느꼈고, 다른 사람을 대할 때도 답답했다. 하지만 이를 어떻게 해결해야 할지 몰랐다.

그때 내가 왜 그렇게 갑갑하고 답답했는지 돌아보면 기대에 대한 왜곡된 관점 때문인 것 같다. 모두 다 들어주어야 한다고 생각하니 내 뜻대로 할 수 있는 게 아무것도 없는 것 같아 갑갑하고, 나의 기대는 돌아보지 않은 채 '왜 저 사람은 저러는가'라는 생각에 답답했던 것이다. 그러다보면 사춘기는 그저 질풍노도의 시기로 설명하기 어려운 더 깊은 심연의 돌풍을 동반한다. 나는 겉으로는 그럭저럭 다 잘 해내고 있었지만 마음속으로는 언제나 타인의 기대에 매여 자유롭지 못하다며 불행해 했다.

시간이 지나고 관점이 넓어지면서 나는 모든 기대를 꼭 다 들어 줄 필요가 없고, 자신이 품고 있던 완벽에 대한 기대가 사실은 불가능하고 비현실적이며, 나답게 행복한 것이 더 중요하다는 사실을 알게 되었다. 그럼으로써 조금씩 갑갑함과 답답함에서 벗어날 수 있었다. 지금도 때때로 그런 갑갑함과 답답함을 느끼지만 이제는 어떻게 벗어날 수 있는지 잘 알고 있다. 어긋난 기대를 스스로 바로잡을 줄 아는 힘이 생긴 것이다.

이처럼 누구나 시행착오를 통해 모든 기대를 들어줄 필요가 없다는 사실과 나와 다른 타인의 기대를 받아들이게 된다. 하지만 심리학만큼 기대와 관련된 우리의 갑갑함과 답답함을 해결할 수 있는 중요한 실마리를 제공해주는 것도 없다.

심리학은 우리가 어떻게 살고 있으며 어떻게 살아야 건강하고 행복한 삶을 살 수 있는지 가르쳐주는 학문이다. 심리학자들의 연구를 살펴보다 보면 우리가 누구의 아들, 딸, 애인, 친구가 아니라 주체적이고 책임감이 있는 '나'라는 한 사람으로 살아가는 것이 얼마나 중요한지 알게 된다. 그런 행복과 건강에 대한 모든 연구들을 살펴보면 우리는 단 하나의 관점에 얽매이는 것이 아니라, 너와 나의 차이를 있는 그대로 인정하고 따로 또 같이 어우러질 수 있어야 진정으로 행복해질 수 있다는 것을 알게 된다.

심리학의 렌즈로 우리의 삶과 일상을 보면 내가 어떤 기대를 받고 있고 타인에 대해 어떤 기대를 품고 있는지 더 분명하게 보인다. 이 책을 통해 우리들의 마음속에 자리 잡은 타인의 기대와 타인을 향한 기대를 살펴보았다. 또한 그 기대들이 어느 지점에서 잘못될 수 있으며 다른 사람들과의 관계 속에서 어떻게 불협화음을 낼 수 있는지 알게 되었을 것이다.

기대를 둘러싼 우리들의 마음에 대해 이 책에서 다음과 같이 그려보았다.

"기대를 충족시키는 것이 중요하다고 믿으며 살아왔고 기대가 좌절되었을 때 힘들어한다. 모든 기대를 다 들어주려고 하다가도 때로는 완전히 벗어나 어디론가 숨고 싶은 마음이 들기도 한다. 주로 좋아하는 일을 하는 편이지만 해야 하기 때문에 하는 일도 많다. 다른 사람의 기대하는 눈빛에 힘을 받아 더 잘하기도 하지만 부담감 때문에 잘하던 일을 그르치기도 한다. 눈치를 살펴 다른 사람의 기대를 파악하고 싶어 하고 다른 사람의 눈으로 스스로를 평가하며 위축되기도 한다. 주변 사람들의 말에 쉽게 흔들리고 스스로를 다른 사람과 비교하며 열등감을 느낄 때도 있다. 겉모습만 보고 섣불리 판단을 내려서 잘못된 결정을 내리기도 한다. 오해와 편견 때문에 다른 사람과의 관계가 불편해질 때가 있다. 악착같이 무엇인가를 해야만 뒤처지지 않을 것 같아 자주 긴장한다."

이러한 묘사에 누구나 어느 정도 공감을 했을 것이다. '기대'는 모든 사람들의 건강과 행복에 큰 영향을 미치는 보편적인 주제이기 때문이다. 어쩌면 이 책을 통해 위의 묘사가 비단 나에게만 해당하는 것이 아니라는 데서 안도감을 느꼈을 지도 모른다. 또한 일상에서 어떤 시도가 필요한지 해결의 실마리를 얻게 될지도 모르겠다. 시행착오를 겪으며 기대에 대해 점점 더 건강하고 균형 잡힌 관점을 세워가는 길에 부디 이 책이 조금이나마 도움이 되었으면 하는 마음이다.

마지막으로 함께 나누고 싶은 기도문이 있다. 상담을 하면서 자기 자신에 대한 갑갑함과 타인에 대한 답답함을 느끼는 사람들에게 자주 인용해주는 성 프란체스코의 기도문이다.

"제가 변화시킬 수 없는 것은 그것을 받아들일 수 있는 평온한 마음을 주시고, 제가 변화시킬 수 있는 일을 위해서는 그것에 도

전하는 용기를 주시며, 또한 이 둘을 구분할 수 있는 지혜를 주소서."

성 프란체스코의 기도문은 우리가 변화를 어떻게 받아들여야 하는지에 대한 중요한 통찰을 전하고 있지만, 우리를 힘들게 하는 기대에 대해서도 적용해볼 수 있다. 받아들여야 할 기대에 대해서는 담담하게 받아들일 수 있는 평온한 마음을, 받아들이지 않아도 되는 기대에 대해서는 당당하게 거절할 수 있는 용기를, 그리고 내가 기대할 수 있는 것과 기대하지 않아도 좋을 것을 분명히 구분할 수 있는 지혜를 구하는 기도로서 말이다.

모든 기대를 다 들어줄 필요는 없다. 힘들 때마다 내가 타인에게 받고 있는 기대와 내가 타인에게 하고 있는 기대를 돌아보자. 그러면 '누군가의 완벽한 무엇'이 되기보다 나 자신에게 충실하고 다른 사람과도 조화로운 삶을 살 수 있는 건강한 한 사람으로 이 세상에서 우뚝 설 수 있을 것이다.

얽매이지 말고 나답게, 왜곡하지 말고 조화롭게 살자!

KEEP CALM
AND
CARRY ON

참고문헌 및 더 읽어보면 좋을 글들

✓

chapter 1

- 『심리학을 변화시킨 40가지 연구』(로저 R. 호크, 학지사)

  — 영리한 한스와 피그말리온 효과

- 『죽음의 수용소에서』(빅터 프랭클, 청아출판사)

  — 기대가 좌절된 상황에서 나타나는 사람들의 모습과 절망 속에서도 의미를 찾는 불굴의 의지

chapter 2

- 『Depressive Illness : The Curse of The Strong』(Tim Cantopher)

  — 강해야 한다는 기대가 우리 마음에 미치는 부정적인 영향과 아틀라스 증후군

chapter 3

• 『발달심리학』(송명자, 학지사)

— 어린시절 부모 자녀간 상호작용과 우리의 성장에 대한 통찰
및 각종 실험과 이론

chapter 4

• 『동기와 정서의 이해』(존 마셜리브, 박학사)

— 내적 동기에 대한 데시와 라이언의 이론

• 『인간동기의 이해와 적용』(김언주 외, 신정)

— 동기에 대한 다양한 이론과 내적 동기를 향상시키는 다양하
고 현실적인 방법

chapter 5

• 『Social Psychology(사회심리학)』(David Myers, McGraw-Hill
College)

— 애쉬의 동조성 실험

chapter 6

• 『심리학의 힘』(전우영, 북하우스)

　— 사회적 촉진과 억제에 대한 사회심리학의 다양한 이론과 그
것을 대입한 우리 일상의 모습

chapter 7

• '공적 자기의식, 신체에 대한 감시, 신체에 대한 수치심이 섭식
행동에 미치는 영향', '대상화 경험이 여성의 정신 건강에 미치
는 영향' (손은정, 한국 상담심리학회지)

　— 자기 대상화와 공적 자기의식

• EBS 〈인간의 두 얼굴—상황의 힘〉(2008년 8월 11일 방송)

　— 공적 자기의식

chapter 8

• 『발달심리학』(송명자, 학지사)

　— 유리 브론펜브레너의 생태 이론

• 『현대 심리치료』(레이몬드 콜시니, 학지사)

　— 열등감에 대한 아들러의 통찰

• 『여자의 심리학』(배르벨 바르데츠키, 북폴리오)

　— 쉽게 흔들리는 자기 개념

chapter 9

• 『헤일로 이펙트』(필 로젠츠바이크, 스마트비즈니스)

  — 후광 효과

• 『끌리는 사람은 1%가 다르다』(이민규, 더난출판사)

  — 첫인상과 관련된 여러 가지 심리학적인 이론과 설명

chapter 10

• 『판단과 의사 결정의 심리』(최낙환, 대경출판사)

  — 귀인 이론을 이해하는 데 중요한 이론과 실험

chapter 11

• 『사고유형』(S. 이안 로버츠슨, 시그마프레스)

  — 확증 편향을 비롯한 다양한 사고의 편향에 대한 이해와 통찰

chapter 12

• 『학습과 행동』(폴 챈스, 시그마프레스)

  — 조건 연합과 관련한 파블로브의 실험

• 『인지 발달』(J. 플라벨 외, 나남출판사)

  — 만족지연에 대한 실험

• 『마시멜로 이야기』(호아킴 데사다 외, 한국경제신문사)

• 『마시멜로 이야기에 열광하는 불행한 영혼을 위해』(최성희, 이너북스)

■ 독자 여러분의 소중한 원고를 기다립니다 ───────────────

메이트북스는 독자 여러분의 소중한 원고를 기다리고 있습니다. 집필을 끝냈거나 집필중인 원고가 있으신
분은 khg0109@hanmail.net으로 원고의 간단한 기획의도와 개요, 연락처 등과 함께 보내주시면 최대한
빨리 검토한 후에 연락드리겠습니다. 머뭇거리지 마시고 언제라도 메이트북스의 문을 두드리시면 반갑게
맞이하겠습니다.

■ 메이트북스 SNS는 보물창고입니다 ───────────────

메이트북스 홈페이지 www.matebooks.co.kr

책에 대한 칼럼 및 신간정보, 베스트셀러 및 스테디셀러 정보뿐만 아
니라 저자의 인터뷰 및 책 소개 동영상을 보실 수 있습니다.

메이트북스 유튜브 bit.ly/2qXrcUb

활발하게 업로드되는 저자의 인터뷰, 책 소개 동영상을 통해 책에서
는 접할 수 없었던 입체적인 정보들을 경험하실 수 있습니다.

메이트북스 블로그 blog.naver.com/1n1media

1분 전문가 칼럼, 화제의 책, 화제의 동영상 등 독자 여러분을 위해
다양한 콘텐츠를 매일 올리고 있습니다.

메이트북스 네이버 포스트 post.naver.com/1n1media

도서 내용을 재구성해 만든 블로그형, 카드뉴스형 포스트를 통해 유
익하고 통찰력 있는 정보들을 경험하실 수 있습니다.

STEP 1. 네이버 검색창 옆의 카메라 모양 아이콘을 누르세요.   STEP 2. 스마트렌즈를 통해 각 QR코드를 스캔하시면 됩니다.
STEP 3. 팝업창을 누르시면 메이트북스의 SNS가 나옵니다.